Mike Vogler

Mysterium Jonastal

Auf der Suche nach dem Geheimobjekt „Olga"

Impressum

Brandenburgisches Verlagshaus
Math. Lempertz GmbH
Hauptstr. 354
53639 Königswinter
Tel.: 02223-900036
Fax: 02223-900038
info@edition-lempertz.de
www.edition-lempertz.de

1. Auflage – Dezember 2019

Druck: Alfred Nordmann
Printed and bound in Israel

ISBN: 978-3-96058-331-8

Text: Mike Vogler
Umschlaggestaltung: Ralph Handmann
Satz: Hilga Pauli
Lektorat: Laura Liebeskind
Titelbild: © Adobe Stock: Mulderphoto

Bildnachweis: S. 6, 7, 8, 34 (links), 35: © Gedenkstätte Buchenwald
S. 33: © BARCH Bild 146-1971-033-01
S. 52: © unknown
S. 55: © ŠKODA TRANSPORTATION, a.s
S. 106: © US gov (links), Nobel Foundation (rechts)
S. 126: © Mazbln
Alle anderen Fotos: © Mike Vogler

Inhaltsverzeichnis

Einleitung ... 4

Begriffs- und Abkürzungserklärung ... 5

Jonastal ... 6

Truppenübungsplatz „Ohrdruf" ... 9

„Amt 10" ... 15

Luft-Munitionsanstalt I/IV „Crawinkel" ... 21

Sonderbauvorhaben „S III" Jonastal ... 33

Hans Kammler – Technokrat der Macht ... 52

Außenkommando „S III" Konzentrationslager Buchenwald ... 61

Geheimobjekt „Olga" – Eine Bestandsaufnahme ... 88

Atomwaffenforschung im „AWO" ... 106

Schlussbetrachtung ... 140

Vita ... 140

Literatur- und Quellenverzeichnis ... 141

Endnoten ... 142

Einleitung

In der vorliegenden Veröffentlichung soll von einem der am besten gehüteten Geheimnisse des Dritten Reiches berichtet werden.
Zwischen 1934 und 1945 entstand, von der Öffentlichkeit weitestgehend unbemerkt, nahe dem thüringischen Arnstadt ein weitverzweigter militärischer Komplex, bekannt unter der Bezeichnung „Geheimobjekt ‚Olga'“. Größtenteils unterirdisch errichtet, wurde hier gegen Ende des Zweiten Weltkrieges die Zentrale des untergehenden Dritten Reiches eingerichtet. Neben dem durch erhaltene Dokumente nachgewiesenen FHQ und einem Nachrichtenamt des OKH sollen sich im Ortsdreieck Arnstadt-Wechmar-Ohrdruf („AWO“) mehrere Produktionsanlagen der vielgepriesenen Vergeltungswaffen und sogar eine Testeinrichtung für die bis heute von offizieller Stelle verleugnete deutsche Atombombe befunden haben.
Der Großteil dieser unterirdischen Einrichtungen ist bis heute unerforscht. Detaillierte Zeugenaussagen belegen jedoch die Existenz dieser Anlagen.

Weiterhin soll das deutsche Atomforschungsprogramm Thema dieses Buches sein. Dabei handelt es sich um ein bis heute umstrittenes Thema, das bei einer Beschäftigung mit dem technologischen Fortschritt des Dritten Reiches jedoch unbedingt mit angesprochen werden muss.

In erster Linie soll das Buch den aktuellen Forschungsstand der einzelnen Themenbereiche wiedergeben. Der Autor beruft sich speziell beim Geheimobjekt „Olga“ und den unsäglichen Bedingungen im Sonderlager „S III“ in erster Linie auf Zeugenaussagen von Beteiligten und stellt selbst keine unbewiesenen Behauptungen auf. Etwaige persönliche Schlussfolgerungen werden inhaltlich erkennbar sein. Die Zeugenaussagen werden wörtlich wiedergegeben, einschließlich der zur Zeit der Aussage gültigen Rechtschreibung.

Abschließend sei noch anzumerken, dass sich der Autor jeglicher politischen Wertung der Ereignisse im Dritten Reich enthält. Das hier vorliegende Buch soll eine objektive Betrachtung der Geschehnisse darstellen und zur Information interessierter Leser dienen. Viele der angesprochenen Themen gelten bis heute als kontrovers und werden von der Geschichtswissenschaft bestritten. Bei seinen umfangreichen Recherchen hat der Autor alle relevanten Details zu diesen Themen zusammengetragen, damit sich der Leser einen Überblick verschaffen und sich anschließend selbst eine Meinung bilden kann.

Begriffs- und Abkürzungserklärung

FHQ:	Führerhauptquartier
OKH:	Oberkommando des Heeres
OKW:	Oberkommando der Wehrmacht
OKM:	Oberkommando der Marine
„AWO“:	Bezeichnung für das Gebiet im Geländedreieck Arnstadt-Wechmar-Ohrdruf, in dem sich nach Meinung verschiedener Forscher und Autoren ein weitverzweigtes Hochtechnologie- und Rüstungszentrum des Dritten Reiches befand
Geheimobjekt „Olga“:	zunächst Tarnbezeichnung für das Fernmeldeamt „Amt 10“, heute gebräuchliche Bezeichnung für das gesamte vermutete Hochtechnologie- und Rüstungszentrum im Bereich Arnstadt-Wechmar-Ohrdruf
TÜP Ohrdruf:	Truppenübungsplatz Ohrdruf
HWA:	Heereswaffenamt
V-Waffen:	verschiedene während des Zweiten Weltkrieges in Deutschland entwickelte Waffensysteme, welche die Wende im Krieg bringen sollten; von der nationalsozialistischen Propaganda wurden diese Waffen als „Vergeltungswaffen“ oder kurz „V-Waffen“ bezeichnet

Jonastal

Vom thüringischen Arnstadt in die benachbarte Ortschaft Crawinkel führt eine etwa fünfzehn Kilometer lange Straße durch das sogenannte Jonastal. Die Straße wurde im Jahr 1910 angelegt, als durch den Ausbau des TÜP Ohrdruf die alte Verbindungsstraße über die Ortschaft Wölfis wegfiel.

Die älteste Bezeichnung für das heutige Jonastal lautete einst Arnethal, stammt aus dem Jahr 1266 und leitete sich wohl von einer früheren Bezeichnung der Ortschaft Arnstadt ab, die am Talausgang liegt. Die erste urkundliche Erwähnung eines Jonastal stammt aus dem Jahr 1773, scheint aber schon früher Anwendung gefunden zu haben. Hergeleitet wurde der Name von der Ortslage „Am Jansberg“, der ab dem 17. Jahrhundert auch als Jonasberg bezeichnet wurde. Dieser gehört zu den ältesten und ertragreichsten Weinanbaugebieten von Arnstadt.

Baustelle Jonastal bei Arnstadt, 1945. Blick gegen die Stollen 1–7 und das Kiessilo

Der Name Jansberg leitet sich vermutlich vom mittelhochdeutschen Wort „Jan“ für „Reihe“ ab und war für die auf Terrassen angelegten Reihen der Rebstöcke gebräuchlich. „Jan“ wurde im 17. Jahrhundert zu „Jon“, als die ursprüngliche Bedeutung nicht mehr bekannt war und vermutlich dem ähnlich klingenden Namen des damals sehr verehrten biblischen Propheten Jonas angeglichen wurde.
Die hügelige Landschaft entlang des Jonastals ist mit Fichten und Kiefern bewachsen. Begleitet wird die Straße von einem kleinen Fluss namens Wilde Weiße.
Etwa in der Mitte der Strecke wird die bewaldete Landschaft Richtung Crawinkel auf der rechten Seite von einer schroffen Steinlandschaft unterbrochen. Dieser Steinhang zieht sich etwa einen Kilometer hin. Heute ist mit der Bezeichnung Jonastal im Allgemeinen dieser Abschnitt gemeint, wenn es um die ungewöhnlichen Bauaktivitäten während des Dritten Reiches geht.
Schilder warnen strengstens vor dem Betreten des Geländes, doch ein extra angelegter Parkplatz lädt förmlich zum Verweilen ein. Trotz der Warnschilder scheint die Gegend regelmäßig von Besuchern frequentiert zu sein, davon zeugt eine Vielzahl von Trampelpfaden, die schon weithin sichtbar sind. Folgt man diesen Pfaden den Hang hinauf, sind terrassenförmig Aufschüttungen und Reste alter Fundamente zu finden. Es ist er-

Links Baugruppe I; rechts Baugruppe III und IV

sichtlich, dass hier vor vielen Jahren einmal Bauarbeiten stattgefunden haben müssen, davon zeugen auch allerlei Metallstücke, die aus dem Gestein zu wachsen scheinen. Geologisch betrachtet, besteht dieses Gestein aus Muschelkalk, der leicht zu bearbeiten ist.

Wenn man heute das Jonastal besucht, lässt sich nur noch erahnen, was für ein gigantisches Bauprojekt hier zwischen November 1944 und April 1945 vollzogen wurde. Eine kleine Gedenkstelle an der Straße weist jedoch darauf hin, dass sich hier einst ein Außenlager des Konzentrationslagers Buchenwald befand. Die geschundenen Häftlinge dieses Lagers mussten unter unvorstellbaren Bedingungen eine gigantische Stollenanlage in das Gestein treiben. Über Verwendung und Nutzen dieses Stollensystems wird bis heute gerätselt.
Heute ist das Jonastal kaum mehr als eine riesige Schutthalde, erinnert allenfalls an einen ehemaligen Steinbruch. Von der einstigen Stollenanlage sind nur noch einige wenige vermauerte Zugänge zu finden, in denen lediglich kleine Gitter für Fledermäuse eingelassen sind.

Blick auf die Baustelle der Stollen Nr. 1–12, 1945

Truppenübungsplatz „Ohrdruf“

Das Gelände des heutigen TÜP Ohrdruf wurde bereits seit 1871 regelmäßig als Manövergelände der kaiserlichen Truppen genutzt. Da die Bodenbeschaffenheit ungünstig für landwirtschaftliche Nutzung war, versuchte die Stadt Ohrdruf, das Gebiet dauerhaft an das Militär zu verpachten. Im Jahr 1890 richteten die Stadtväter die Bitte an das preußische Kriegsministerium, das Gelände zu einem regulären Truppenübungsplatz auszubauen. Die Verhandlungen zogen sich endlos hin, bis 1906 dann der Reichstag offiziell die Einrichtung des TÜP Ohrdruf beschloss. Zukünftig sollte hier das XI. Armeekorps des deutschen Heeres seine militärischen Übungen abhalten. Weitere zwei Jahre später wurde mit dem Bau von Truppenunterkünften begonnen. Am 18. Mai 1908 traf dann mit dem I. Bataillon des Infanterie-Regiments Nr. 95 der erste mili-

Bunkerreste auf dem TÜP Ohrdruf

tärische Verband auf dem neuen Truppenübungsplatz ein. In den folgenden Jahren wurden die baulichen Einrichtungen des Platzes regelmäßig erweitert. So entstand 1913 der erste von neun Beobachtungstürmen.
Die Mehrzahl der Gebäude des Lagers auf dem TÜP Ohrdruf war im Jahre 1914 fertig. Infanterielager, Kavallerielager, Jägerblock, Offizierslager und Kommandantur- und Verwaltungsgebäude waren mit Truppen belegt. Im Zuge des Ersten Weltkrieges wurde auf dem TÜP Ohrdruf zusätzlich zum stehenden Heer eine Reihe von Reserve- und Landsturmverbänden aufgestellt.

Während des Krieges diente der Platz teilweise als Kriegsgefangenenlager, in dem bis zu 17.000 Gefangene untergebracht waren. Mit dem Bau des Kriegsgefangenenlagers wurde im September 1914 begonnen. Die bis dahin bereits eingetroffenen Gefangenen mussten sich am Bau des Lagers beteiligen. Insgesamt wurden 92 einstöckige Fachwerkbaracken von je 80 m Länge und 10 m Breite errichtet. Um die Arbeiten zu beschleunigen, ließ die Wehrmacht vom Bahnhof Ohrdruf bis auf den TÜP ein Feldbahngleis verlegen.
Ein Lazarett mit Isolierbaracke wurde 1915 in Betrieb genommen. Diese Einrichtung sollte sich noch im gleichen Jahr auch als dringend notwendig herausstellen: Im Dezember 1915 stellten die Lagerärzte bei einem russischen Gefangenen Cholera fest. Ab diesem Zeitpunkt mussten alle russischen Neuzugänge eine fünftägige Quarantäne in der Isolierbaracke durchlaufen.
Die ständig steigende Zahl von Gefangenen stellte ein massives Problem für die städtische Kläranlage dar, an die das Lager angeschlossen war. Aus diesem Grund entschied das Kriegsministerium am 6. Januar 1915, die Kläranlage mittels biologischer Nachklärung und ausreichender Desinfektionseinrichtungen zu erweitern. Die benötigten finanziellen Mittel von 140.000 Reichsmark wurden von der Militärverwaltung bereitgestellt.

Im Kriegsgefangenenlager Ohrdruf befanden sich Gefangene aus Russland, Frankreich, Polen, Belgien, Rumänien, Portugal und Italien. Ungeachtet ihrer Nation wurden die Häftlinge zur Verrichtung wichtiger und nützlicher Arbeiten herangezogen, wie etwa zum Straßen- und Wegebau, zu Planierungsarbeiten, zur Gewinnung von Kies aus einer nahegelegenen

Kiesgrube sowie zu Forst- und Feldarbeiten. Beruflich qualifizierte Häftlinge wurden auch zu Arbeiten in Fabriken in der Umgebung verpflichtet. Verpflegt wurden die Gefangenen in der Regel von den Unternehmen, in denen sie ihre Arbeit verrichteten. Daher musste die Lagerkommandantur nur für eine geringe Zahl an Häftlingen die Verpflegung in Selbstbe-

Erinnerung an die Opfer des Kriegsgefangenenlagers 1914–1918

wirtschaftung übernehmen. Dafür gab es spezielle Kantinen. Dort wurde ausreichend Essen verabreicht, wofür der Kantinenpächter einen Betrag von ca. 60 Reichspfennig bzw. 1,10 Reichsmark bei Verwundeten pro Gefangenem und Tag erhielt.

In ihrer Freizeit beschäftigten sich die Gefangenen mit dem Reinigen und der Ausbesserung ihrer Kleidung. Es war auch möglich, Fußball zu spielen, es gab eine Bibliothek und Post durfte in die Heimat geschickt werden. Eine Lagerzeitung, deren Redaktion von einem gefangenen französischen Militärpfarrer und einem Oberleutnant der Lagerkommandantur geleitet wurde, sorgte für eine gewisse Abwechslung.

Nach dem Ende des Ersten Weltkrieges wurde der südliche Teil des Häftlingslagers als Durchgangslager für deutsche Heimkehrer genutzt. Ein Teil der Baracken wurde ab 1919 verkauft. So erwarb die Stadt Ohrdruf einen Teil davon, um sie nach Umbaumaßnahmen als Wohnhäuser nutzen zu können. Im Juni 1920 ordnete das Reichswehrministerium den Abbruch des restlichen Gefangenenlagers an. Das Gelände wurde planiert und mit Nadelholzbeständen aufgeforstet.

Durch das Diktat des Versailler Vertrages verlor der TÜP Ohrdruf in der Folgezeit an Bedeutung. Das sollte sich jedoch mit der Machtübernahme der Nationalsozialisten 1933 in Deutschland schlagartig ändern. Im Mai 1934 wurde mit dem Bau von Mannschaftbaracken begonnen, in welchen die neu aufgestellte I. Abteilung Kraftfahr-Lehrkommando I./II. - Ohrdruf einzog. Ab Oktober 1935 kam es auf dem TÜP Ohrdruf zur Aufstellung größerer motorisierter Einheiten, wie etwa den Panzerregimentern I. und II., die zum Teil aus dem genannten Kraftfahr-Lehrkommando rekrutiert wurden. In der Folgezeit kamen dann noch die Artillerie-Regimenter 73, 74 und 75 sowie das Panzerregiment VII dazu. Im Jahr 1937 wurde mit dem Bau einer Kaserne im nordwestlichen Bereich des TÜP begonnen, zudem kam es ab 1939 zum Ausbau des Luft- und Gasschutzes im Truppenlager.

Mitte Oktober 1944 verkündete der Kommandant des TÜP Ohrdruf, General von Göckel, dass die Wehrmacht auf Befehl von allerhöchster Stelle den Großteil des Geländes zu räumen habe. Es hieß, dass in den nächsten Wochen Einheiten der SS hier Stellung beziehen würden. Anfang November 1944 übernahm die SS dann Teile des Truppenübungsplatzes und richtete auf dem Gelände das Außenkommando Ohrdruf „S III“ des Konzentrationslagers Buchenwald ein. Das Lager bestand in der Zeit vom 6. November 1944 bis Anfang April 1945. Die hier inhaftierten Gefangenen wurden, wie bereits erwähnt, zur Arbeit an dem Sonderbauvorhaben „S III“ im nahegelegenen Jonastal herangezogen.

Am 5. April 1945 wurde der TÜP Ohrdruf von der 4. amerikanischen Panzer-Division erobert. Die Alliierten richteten danach hier ein Durchgangslager für entlassene russische Kriegsgefangene ein. Dieses Lager sollte in der Folgezeit zum Schrecken der deutschen Zivilbevölkerung werden. Immer wieder kam es zu Übergriffen durch die ehemaligen russischen Gefangenen. Plünderungen, Morde und Vergewaltigungen waren an der Tagesordnung. Einer der bekanntesten Vorfälle war die Ermordung eines gewissen Herrn Viau. Jener war Besitzer von Gut Sophienbrunn, das an

Obelisk zum Gedenken der Opfer vom Außenkommando S III

den Truppenübungsplatz grenzte. Viau wurde von Russen ermordet, weil er angeblich mit der SS sympathisiert hatte.
Ab 1947 nutzte dann die sowjetische Armee den TÜP Ohrdruf für Teile ihrer Truppen. Aus dieser Zeit sind verständlicherweise kaum Informationen erhältlich. Später nutzte auch die Nationale Volksarmee (NVA) der DDR den TÜP für die Ausbildung ihrer Streitkräfte. Nach der Wiedervereinigung Deutschlands und dem Abzug der sowjetischen Truppen übernahm die Bundeswehr den TÜP Ohrdruf. Im Herbst 2011 wurde verlautbart, dass die Bundeswehr den Platz aufgeben wolle. Heute ist das Gelände kein regulärer Truppenübungsplatz mehr, sondern wird von der Friedenstein-Kaserne als Standortübungsplatz verwendet.
Im Frühjahr jedes Jahres bietet die Bundeswehr interessierten Besuchern die Möglichkeit, das militärische Gelände zu betreten. Auf verschiedenen Wanderrouten kann so das weitläufige Areal des ehemaligen TÜP Ohrdruf erkundet werden.

Russischer Kampfpanzer

„Amt 10“

Schon lange vor dem Beginn ihrer kriegerischen Eroberungspläne hatte die deutsche Reichsführung damit begonnen, alle etwaigen Wechselfälle eines möglichen Krieges sorgfältig zu kalkulieren. Durch die Erfahrungen des Ersten Weltkrieges klüger geworden, war man sich der Tatsache bewusst, dass im Falle neuerlicher kriegerischer Auseinandersetzungen mit anderen Ländern die Kommunikation innerhalb der eigenen Truppenverbände von entscheidender Bedeutung war. So wurde bereits Mitte der 1930er Jahre damit begonnen, rund um die Reichshauptstadt Berlin sowie den sogenannten „Schutz- und Trutzgau“ Thüringen militärische Nachrichtenzentralen einzurichten. Anzumerken sei, dass Reichskanzler Adolf Hitler eine außergewöhnliche Vorliebe für Thüringen hatte und hier für „alle Fälle“ eine Verteidigungsbastion im Herzen von Deutschland errichten wollte.

Zu Zwecken der Tarnung wurden die Nachrichtenzentralen nur als „Amt“ bezeichnet und die jeweiligen Objekte mit Nummern versehen.

Aufstellung der Nachrichtenämter

„Amt 1“	Wandlitz
„Amt 2“	Niedergörsdorf
„Amt 3“	Biesenthal
„Amt 4“	Wildpark
„Amt 5“	Zossen
„Amt 6“	Luckenwalde
„Amt 7“	Jüterbog
„Amt 8“	Arnstadt (Tarnbezeichnung Bernstadt)
„Amt 9“	Gotha (Tarnbezeichnung Goberg)
„Amt 10“	Ohrdruf
„Amt 11“	Velten
„Amt 12“	Treuenbrietzen
„Amt 13“	Müncheberg
„Amt 14“	Berlin
„Amt 15“	Wünsdorf

Für unsere Betrachtungen ist natürlich das „Amt 10“ in Ohrdruf von vorrangiger Bedeutung.

Bereits im Frühjahr 1934 hatte die deutsche Heeresleitung festgelegt, dass im Falle eines militärischen Konfliktes das OKH entweder von der Hauptführungsstelle in Zossen oder der Ausweichstelle in Ohrdruf aus agieren sollte. Für diese Ausweichstelle war eine entsprechend große Nachrichtenzentrale von entscheidender Bedeutung.
Im Juli 1934 wurde demzufolge von der deutschen Heeresleitung der Bau einer unterirdischen Nachrichtenzentrale, das bewusste „Amt 10“, in unterirdischen Betonbunkern auf dem TÜP Ohrdruf beschlossen. In einem als „geheim“ deklarierten Schreiben vom 13. Juli 1934 unterrichtete das Reichswehrministerium seinen Verbindungsoffizier im Reichspostministerium von der geplanten Nachrichtenzentrale. In diesem Schreiben wurden auch erste Festlegungen für den Bau der Anlage und die grob geschätzten Kosten übermittelt.
Der zeitliche Ablauf und alle den Bau des „Amt 10“ betreffenden Informationen unterlagen strengster Geheimhaltung, so dass heute zum großen Teil nur Mutmaßungen darüber angestellt werden können. Es ist jedoch davon auszugehen, dass im August 1934 mit den Vorbereitungen für den Bau des Nachrichtenamtes begonnen wurde. Diese Vermutung stellt der Autor auf Grund der Sperrung der Staatsstraße zwischen Ohrdruf und Crawinkel ab dem 4. August 1934 an. Da in diesem Zeitraum auch mit dem Bau der Luftmunitionsanstalt Crawinkel begonnen wurde, wäre es nachvollziehbar, dass in diesem Zuge auch die Errichtung des „Amt 10“ begann.
Um jegliche Geheimhaltung zu gewähren, wurde für die Nachrichtenzentrale zunächst nur die Tarnbezeichnung „Olga“ verwendet. In diesem Zusammenhang sei erwähnt, dass sich später für die Gesamtheit der unterirdischen Anlagen auf dem TÜP Ohrdruf und dem Gebiet „AWO“ die Bezeichnung Geheimobjekt „Olga“ eingebürgert hat.
Um für alle Eventualitäten gewappnet zu sein, beschloss das Reichspostministerium am 4. Dezember 1935, bis zur Fertigstellung der Nachrichtenzentrale eine Zwischenlösung einzurichten, die als „Amt 10a“ bezeichnet wurde. Am 8. Januar 1936 legte die Reichspostdirektion Erfurt dafür eine Kalkulation vor, die sich auf 11.800 Reichsmark belief. Nach eingehender

Prüfung des Kostenvoranschlags bestätigte das OKH am 23. Januar 1936, dass die Kosten für das „Amt 10a“ aus Mitteln des „Sonderbauprogramm 1935“ gedeckt würden.

Bis heute ist nicht restlos geklärt, wo „Amt 10a“ eingerichtet wurde. Es wird jedoch davon ausgegangen, dass es sich im Keller eines Gebäudes in der Nähe der Baustelle des eigentlichen Fernmeldeamtes befand.
Im Verlauf des Jahres 1936 stiegen die Anforderungen an das Fernmeldenetz. Daher wurde für die Zwischenlösung „Amt 10a“ der Einsatz eines Hochfrequenzkabels vorgeschlagen. Im Oktober 1936 vermeldete die Reichspostdirektion Erfurt die Einrichtung einer Fernschreibstelle. Inzwischen waren die Kosten für „Amt 10a“ enorm gestiegen, von Seiten des OKH wurde von 188.000 Reichsmark gesprochen.
Ab Mai 1937 war der Bau des unterirdischen „Amt 10“ so weit fortgeschritten, dass die Zwischenlösung „Amt 10a“ aufgehoben wurde. Inwieweit Räumlichkeiten und Technik weiter genutzt wurden, ist nicht bekannt.
Bekannt ist, dass das „Amt 10“ im Oktober 1938 komplett fertig gestellt und einsatzbereit war. Es lag zwei Stockwerke unter der Erde. Darüber befand sich eine mehrere Meter dicke sogenannte Zerschellschicht. Diese ungewöhnliche Bezeichnung stammt aus dem militärischen Sprachgebrauch und bezeichnet eine Steinpackung, die auftreffende Geschosse vorzeitig zur Explosion bringen soll, um das eigentliche Objekt zu schützen. Im Falle des „Amt 10“ wird in Zeichnungen und Beschreibungen immer wieder die Zerschellschicht als extra Stockwerk dargestellt, was so nicht richtig ist. Das eigentliche Fernmeldeamt hatte nur zwei Stockwerke.
Die Eingänge zum „Amt 10“ waren mit Wochenendhäusern getarnt, aus deren Schornsteinen Rauch aufstieg, wenn der 475 PS starke Schiffsdiesel in Betrieb war, der „Amt 10“ vom Energienetz unabhängig machte.

Insgesamt gibt es nur wenig gesicherte Informationen über den Bau und die Inbetriebnahme von „Amt 10“. Deshalb ist die Aussage von Adolf Keiner aus Erfurt von unschätzbarem Wert, die im Folgenden wiedergegeben wird:

Ich kam von Siemens zur Deutschen Post. Da ich mich schon immer für Technik interessierte, übernahm ich 1937/38 das unterirdische Einsatzamt, das unter der Bezeichnung „Amt 10“ arbeitete, als Beauftragter der Post. In diesem Ohrdrufer Objekt war ich bis zum Kriegsende. Schon 1935/36 wurden vom Inselsberg und von den benachbarten Bergen Messungen, vor allem im Dezimeterwellenbereich, vorgenommen, um, wie es hieß, Vorbereitungen für die Einführung des Fernsehens zu treffen. Im Jahre 1939 wurde dann auf dem Inselsberg ein Sendeturm errichtet, der unter Verfügung der Wehrmacht stand und Lang-, Mittel- und Kurzwellensender beherbergte. Auf diese Einrichtungen hatte die Post keinen Einfluß. Analog dazu wurde 1937/38 ein gut getarntes System von Drahtverbindungen mit unterirdischen Vermittlungs- und Verstärkerämtern geschaffen. Dabei gab es natürlich auch Knotenämter, wie zum Beispiel Zossen. Diese Ämter waren faktisch für einen Tag X geschaffen. In Ohrdruf waren sie 1942 vollständig eingerichtet und wurden in ständiger Bereitschaft gehalten. Sie wurden aber erst in den letzten Kriegswochen im Vollauf gefahren. Sie trugen Tarnbezeichnungen, wie beispielsweise „Amt 10“ in Ohrdruf, „Amt 8“ in Arnstadt und so weiter. Unter den einzelnen Ämtern gab es keine reguläre dienstliche Beziehung. Einer durfte über den anderen nichts wissen. Bemerkenswert war der technische Aufwand der Anlagen. Technisch gehörte „Amt 10“ zur Reichspostdirektion, verwaltungsseitig zu Ohrdruf. Unser Objekt bestand aus mehreren unterirdischen Korridoren, die übereinander lagen und von denen Türen zu den Seitenräumen abgingen. Die Länge jedes Korridors betrug sechzig bis siebzig Meter. Am Ende befanden sich die Hochtrennungsschaltanlagen. Geheizt wurde mit Vollautomatik. Die Türen waren mit Schleusen versehen. Laufend wurden durch zentrale Messungen der Überdruck, die Luftfeuchtigkeit usw. in jedem Raum überwacht. Auch Ersatzaggregate standen zur Verfügung, so zum Beispiel ein 475 PS starker Dieselmotor von den Motorenwerken Mannheim, um die Anlagen jederzeit netzunabhängig fahren zu können. Hierfür gab es große Reservoirs an Dieselkraftstoff. Ein Brunnen, zweihundert Meter tief, war für die Wasserversorgung angelegt worden. Die Reichspostdirektion hütete sich indessen zu sagen, wofür das „Amt 10“ bestimmt war. Natürlich konnte man sich das an den zehn Fingern abzählen, nur gesprochen werden durfte darüber nicht. Die zur Verfügung stehenden Geräte waren von ausgezeichneter Qualität. Wir konnten sofort mit Königsberg telegrafieren und telefonieren. Wechselstromtelegrafie, Lorenzsender, alles war vorhanden. Ebenso waren völlig autonome Kabelsysteme gezogen worden. Objekte wie das „Amt 10“ gab es noch eine ganze Menge. Sie waren meist nur mit ein bis drei Mann besetzt. Welchem Zweck sie dienten, wurde geheim gehalten. Neben den erwähnten Ämtern in Ohrdruf und Arnstadt gab es Breitverstärkerämter in Hohenkirchen und Mittelhausen. Ein weiteres Amt befand sich in Benshausen bei Suhl, das vom Rennsteig her gespeist wurde und die Strecke Meiningen-Berlin-Hamburg vermittelte. Ferner gab es ein solches Amt in Erfurt, das aber im Krieg durch einen Volltreffer zerstört wurde. In all den Jahren, in denen das „Amt 10“ bestand, war es in ständiger Bereitschaft. Wenige Monate vor Kriegsende kamen dann einige hundert Frauen, sogenannte Nachrichtenhelferinnen, aus Köln. Zuvor war auch ein Stammtrupp der Post von dort eingetroffen. Erst zu dieser Zeit lief „Amt 10“ in Vollauf. Zuerst begannen die Leute ihren Dienst ziemlich gelangweilt, dann wurde der Betrieb fast nur noch nach der östlichen Seite gefahren, da ja im Westen nichts mehr zu machen war. [1]

Das „Amt 10“ wurde nach seiner Fertigstellung zunächst noch nicht für militärische Zwecke genutzt, da zu diesem Zeitpunkt die Kommunikation der OKH noch ausschließlich über Berlin lief. Während des Zweiten Weltkrieges war „Amt 10“ jedoch im militärischen Betrieb. Das bezeugt auch ein gewisser Heinz Albrecht aus Wölfis, der bis Juni 1944 zur vormilitärischen Ausbildung im Nordlager der Garnison Ohrdruf war. Laut seiner Aussage durften Frauen aus der Umgebung bei besonderen Umständen in der unterirdischen Nachrichtenzentrale auf dem TÜP Ohrdruf mit ihren Männern telefonieren, die an der Front eingesetzt waren. Das klingt nicht gerade nach strenger Geheimhaltung. Allerdings dürften solche privaten Telefonate eine strenge Ausnahme gewesen sein, was die nachfolgende Aussage von Hans Röder aus Erfurt bezeugt:

Ich war bei der Firma Wülfinghoff, Heizungs- und Rohrleitungsbau, in Erfurt als Monteur beschäftigt. Während des Krieges mußte ich Heizungsanlagen auf dem Flugplatz Bindersieben und dann auch eine Ölheizung in Ohrdruf installieren. Bei dem Objekt in Ohrdruf handelte es sich um zwei unterirdische Anlagen, etwa so groß wie das Postscheckamt in Erfurt. Die unterirdischen Anlagen hatten drei Stockwerke. Bauherr war die Oberpostdirektion Berlin. Die Eingänge zu den unterirdischen Anlagen waren als

Wochenendhäuser getarnt. In den Anlagen gab es große Säle, die als Schlaf- und Arbeitsräume genutzt wurden. Wenn man in eine der Anlagen hineinkam, stand man auf jedem Treppenabsatz einem SS-Posten gegenüber, der den Ausweis genau kontrollierte. Wollten wir in die zweite Anlage, brauchten wir wieder einen anderen Ausweis. Im untersten Stockwerk gab es Rohrkanäle, die beide Anlagen miteinander verbanden.

Ich erinnere mich noch eines Erlebnisses, das zeigt, wie streng die Bewachung durch die SS war. Eines Tages kam eine Delegation von der Oberpostdirektion Berlin, die die Anlagen inspizierte. Sie wollte auch prüfen, wie die Wachbestimmungen eingehalten wurden. Zu diesem Zweck hatte man einige Ausweise der dort beschäftigten Arbeiter vertauscht. Als die nun den SS-Posten passierten und ihre Ausweise vorwiesen, meinte der, es sei alles in Ordnung und ließ sie durch. Der Posten ward seitdem dort nie wieder gesehen …[2]

Im OKH hatte das Thema Nachrichtenübermittlung oberste Priorität. In den oberen Kreisen des Heeres galt die ab Mitte der 1930er Jahre entwickelte Nachrichtentechnik als die eigentliche „Wunderwaffe“, mit der man im Ernstfall dem Gegner überlegen wäre. Daher hatte die deutsche Wehrmachtsführung die Nachrichtentechnik in den Rang einer kriegsentscheidenden Waffe erhoben. Aus diesem Grund war „Amt 10“ auch das erste Objekt, was im großangelegten Militärkomplex im Gebiet „AWO“ errichtet wurde.

Luft-Munitionsanstalt I/IV „Crawinkel“

Laut dem Diktat des Versailler Vertrags war Deutschland nach dem Ende des Ersten Weltkrieges zu einer massiven militärischen Abrüstung verpflichtet. Ungeachtet dieser Verpflichtung wurde der Plan einer späteren Wiederaufrüstung von deutscher Seite niemals wirklich aufgegeben. Speziell der Aufbau einer neuen schlagkräftigen Luftwaffe wurde im Geheimen vorangetrieben. So wurden deutsche Soldaten an einer Flugschule in der russischen Stadt Lipezk an Flugzeugen und Waffen ausgebildet.

Mit der Machtübernahme der Nationalsozialisten im Jahr 1933 war der Weg frei für die Wiederaufrüstung Deutschlands. Im Zuge dieser Aufrüstung entstanden im gesamten Reich sogenannte Munitionsanstalten, deren Aufgabe die Herstellung und Aufbewahrung von Munition war. Die Munitionsanstalten waren in Heer, Luftwaffe und Marine unterteilt. Stark schwankende Zahlenangaben sprechen heute von 260 bis 400 solcher Einrichtungen. Aus Sicherheitsgründen erfolgte der Bau fern von städtischen Ballungszentren in dünn besiedelten ländlichen Gebieten, wobei natürliche Tarnmöglichkeiten verwendet wurden.

Zwischen 1934 und 1935 entstand in einem Waldgebiet in Thüringen zwischen den Ortschaften Crawinkel, Wölfis und Ohrdruf auf einem Gelände von 180,3 Hektar die Luftmunitionsanstalt 1/IV „Crawinkel“, kurz MUNA Crawinkel genannt. Die Einrichtung unterstand dem Luftgaukommando IV mit Sitz in Dresden.

Vor der militärischen Nutzung war das im Volksmund „Goldene Aue“ genannte Gelände ein wenig von Menschen berührtes, wildreiches Waldgebiet. Der von Buchen, Eichen und Erlen geprägte Baumbestand war von kleinen Wasserläufen durchzogen und wurde durch zahlreiche Lichtungen und Auenwiesengebiete unterbrochen, was den besonderen Reiz der Landschaft ausmachte. Die angrenzende Ortschaft Crawinkel galt als das „Tor zum Thüringer Wald“.

Im Frühjahr 1934 wurden Grundstücksbesitzer größerer Waldstücke bei Crawinkel von staatlicher Seite auf mögliche Landverkäufe angesprochen und Landvermesser erschienen im Ort. Die skeptische Dorfbevölkerung wurde zunächst mit Hinweisen auf geplante Straßenarbeiten beruhigt, jedoch nur wenig später vor vollendete Tatsachen gestellt. Die durch die „Goldene Aue" führende Straße von Crawinkel nach Ohrdruf wurde gesperrt und das Gelände großzügig umzäunt.

Die Bevölkerung der umliegenden Ortschaften war zunächst völlig ahnungslos, was die Pläne der Regierung betraf. Pfarrer Hubenthal aus Wölfis vermerkte folgende Aussage in der Kirchenchronik:

Die Reichsregierung hat vor der Aue ausgedehnte Flächen zu einem unbekannten Zweck enteignet. Auch der angrenzende Wald soll leider zum großen Teil geschlagen werden. Der Auenwald ist nicht geschlagen worden, aber die

Markierte Fundstellen von Opfern des Speziallagers 2

Wege sind dauernd gesperrt. Auf dem Gelände der Aue wird gebaut. Zahlreiche halbunterirdische Anlagen, dazu auch Dienstwohnungen. Der ganze Platz wurde eingezäunt. Gesteigerter Anliegerverkehr durch Wölfis belastet die Straßen. Die Waldstraße ist fast ungangbar. Die Straße nach Ohrdruf ist seit Jahren von Ohrdruf in keiner Weise ausgebessert worden.[3]

Die Gemeindeverwaltungen der anliegenden Ortschaften wurden mit allgemein gehaltenen Schreiben von den am 22. Mai 1934 beginnenden Baumaßnahmen unterrichtet. Über die Art und den Zweck der zu errichtenden Anlage wurde Stillschweigen bewahrt.

Vor dem eigentlichen Bau der Munitionsanstalt wurde das Gelände mit einem 30 km langen asphaltierten Straßennetz nebst Entwässerungseinrichtungen sozusagen urbar gemacht. Dieses Straßennetz war Voraussetzung, um in dem teilweise sehr sumpfigen Gelände überhaupt mit dem Bau der schweren Bunkerbauten beginnen zu können. Zudem wurde eine eigene Wasserversorgung sowie Elektrizitäts- und Telefonanbindung eingerichtet, die für die Munitionsproduktion unerlässlich war.
Da es für die Munitionsanstalt keinen eigenen Gleisanschluss gab, wurde in die Planung auch der Bahnhof von Crawinkel mit einbezogen.
In der Folgezeit entstanden verschiedene Fertigungsbereiche für die Munitionsherstellung sowie etwa 120 Betonbunker zur Lagerung der Munition. Die Bunker wurden ebenerdig angelegt und anschließend zur Tarnung mit Erde aufgeschüttet. Zusätzlich wurden Verwaltungs- und Wachgebäude errichtet. Für die in der Munitionsanstalt stationierten Offiziere entstand eine kleine Wohnsiedlung und mehrere Mannschaftsunterkünfte wurden gebaut. Die Errichtung der Muna Crawinkel ging zügig voran, die interne Einweihung fand am 18. Mai 1935 statt. Ab diesem Zeitpunkt wurden etwa 200 zivile Arbeiter und Angestellte in der Munitionsproduktion beschäftigt, die größtenteils aus den umliegenden Ortschaften stammten. Mit Beginn des Zweiten Weltkrieges wurden zunehmend Kriegsgefangene in der Produktion der Munitionsanstalt eingesetzt, worauf frühere zivile Arbeiter als Wachpersonal fungierten.
Erster Kommandant der MUNA Crawinkel war ein gewisser Hauptmann von Münch, der ab 1937 von Major Paul Gast abgelöst wurde.

Eine genaue Auflistung des in der MUNA Crawinkel hergestellten Kriegsgerätes würde an dieser Stelle wohl zu weit führen und sicherlich nur technisch sehr interessierte Leser erfreuen. Daher nur der Hinweis, dass neben diversen Fliegerbomben auch Granaten und kleinkalibrige Munition, wie etwa Flakmunition, hergestellt wurde. Es gibt auch Indizien, die dafür sprechen, dass zwischenzeitlich Giftgasgranaten in der MUNA Crawinkel gelagert wurden.

Nach Beginn des Zweiten Weltkrieges wurde die MUNA Crawinkel auf Grund von steigendem Munitionsbedarf erweitert. Da eine territoriale Vergrößerung der Munitionsanstalt nicht ohne weiteres möglich war, entstanden Zweigstellen. So wurde ab 1941 mit der Einrichtung der Außenstelle Gehren bei Ilmenau begonnen, die sich später zu einem der größten Sondermunitionsdepots im Dritten Reich entwickelte. Ab Herbst 1942 war dann auch noch eine Außenstelle am sogenannten Kienberg zwischen Crawinkel und Luisenthal in Betrieb. In beiden Außenstellen wurde die Munitionsfertigung von Kriegsgefangenen durchgeführt.
Ab Dezember 1944 diente ein Teil der MUNA Crawinkel zur Unterbringung von Häftlingen aus verschiedenen Konzentrationslagern, die zur Arbeit am Sonderbauvorhaben „S III" im nahegelegenen Jonastal eingesetzt wurden. Zu diesem Zweck wurden 50 Munitionsbunker geräumt und mit Stacheldraht umzäunt. Dieser Bereich trug nun die Bezeichnung Lager „C" und war Teil des Außenkommandos „S III" Konzentrationslager Buchenwald. Weitere Informationen dazu finden sich in einem der folgenden Kapitel.
Im Zuge der Evakuierung des Außenkommandos „S III" am 3. April 1945 wurden auch die Häftlinge des Lagers „C" auf einen Todesmarsch zum Konzentrationslager Buchenwald geschickt. Die nahegelegene Ortschaft Ohrdruf und der dazugehörige Truppenübungsplatz wurden bereits am 5. April 1945 von amerikanischen Truppen eingenommen. In und um Crawinkel hatten sich jedoch Verbände der Waffen-SS verschanzt, die verzweifelte Gegenwehr leisteten. Erst am 11. April 1945 konnte Crawinkel und damit auch die Munitionsanstalt nebst Lager „C" vom amerikanischen Militär eingenommen werden. Der noch bestehende Teil der MUNA Crawinkel war von Arbeitern und Wehrmachtssoldaten verlassen, im Lager „C" bot sich den amerikanischen Soldaten jedoch ein Bild des Schreckens. Überall lagen die Leichen von erschossenen Häftlingen, die zu schwach gewesen

waren, den Todesmarsch Richtung Buchenwald anzutreten. Durch die relativ milde Witterung waren die Leichen der geschundenen Häftlinge schon in das Verwesungsstadium übergegangen, so dass im gesamten Lager „C" ein bestialischer Gestank herrschte. Um der Lage Herr zu werden, mussten Bewohner aus Crawinkel im Lager große Gruben ausheben, in denen die Leichen der Häftlinge notdürftig beerdigt wurden.
Die in der MUNA Crawinkel vorgefundene Munition wurde in der Folgezeit vom amerikanischen Militär gleich vor Ort in den Bunkern sowie in einer nahegelegenen Kiesgrube gesprengt. Zum Teil wurden diese Sprengungen sehr unachtsam vorgenommen.
Am 1. Juni 1945 wurde in vier Bunkern am sogenannten Sandweg nahe dem Dorf Wölfis gleichzeitig Munition gesprengt. Was dabei passierte, gab später der Augenzeuge Kurt Zöllner zu Protokoll:

… In die Bunker wurde vorher sämtliche verfügbare Munition und vor allem Dynamit gebracht. In einem der Bunker waren 40 Tonnen Dynamit und in den Bunkern rechts und links war kleinere Munition. Wir waren ja immer unterwegs und die Amerikaner hatten eines ihrer Lager da drüben in der Tischlerei (in Wölfis) und die haben dort auch gepennt in der Werkstatt. Der eigentliche Kommandoleiter, der die Sprengung durchgeführt hat, war ein Sergeant namens Reinhardt. Sein Vater stammte aus Hamburg und er war somit Halbdeutscher. Der Reinhardt war mit dem Jeep und noch zwei Mann in der MUNA gewesen und hat die Sprengung vorbereitet. Die Zündung erfolgte über Lunte und nicht elektrisch. Nachdem sie mit dem Jeep in den Fabrikhof rein und die Treppe hoch kamen, saßen bereits an allen Fenstern Amis mit Fotoapparaten. Die wollten das Ereignis festhalten und der Reinhardt sagte: ‚Noch eine Minute.' Er zählte die Sekunden und als er ‚Jetzt!' sagte, kamen mit einem Donnerschlag die Fenster rein und die Ziegel vom Dach und die Fotografen waren alle fort und es hatte wohl keiner fotografiert. Alle waren unter die Hobelbänke gekrochen und waren leichenblass. In der Bahnhofstrasse waren alle Dächer auf der MUNA-Seite weg. Was nicht herunter gefallen war, musste trotzdem runter und wir haben alle Dächer neu decken müssen. Die Zerstörung beruhte hauptsächlich auf der großen Druckwelle. Bei der Sprengung ist die kleinere Munition nicht explodiert, sondern durch den Druck heraus geflogen. Alle vier Bunker sind mit einem Hieb in die Luft

geflogen und die Munition hat sich in der Umgebung bis in das Jonastal verteilt. Daher wird es wohl leider nur vereinzelte Fotos von der Explosion in amerikanischer Privatsammlung geben.[4]

Bereits im Februar 1945 hatten die alliierten Siegermächte im Rahmen der Konferenz von Jalta die Aufteilung des besiegten Deutschlands in mehrere Besatzungszonen vereinbart. Auf Grund dieser Vereinbarung verließen die amerikanischen Truppen Anfang Juli 1945 Thüringen. Der Abzug aus Crawinkel erfolgte in der Nacht vom 2. zum 3. Juli 1945. Vertragsgemäß wurde das Gebiet dann von der sowjetischen Armee übernommen. Die Schreckensmeldung „Die Russen kommen" ging in Windeseile durch die einheimische Bevölkerung. Jahrelang hatte die nationalsozialistische Propaganda die Angst vor dem „bolschewistischen Untermenschen" geschürt. Auch die Einwohner von Crawinkel waren verängstigt. Ganz unbegründet war diese Angst nicht, wie sich schnell herausstellen sollte. Rücksichtslos drangen die russischen Besatzer in die Häuser ein, verlangten Schnaps und Zigaretten. Alles, was den Soldaten brauchbar erschien, wurde gestohlen, angefangen von Lebensmitteln über Wohnungsinventar bis hin zu Großvieh.

Im Bereich des Bahnhofs von Crawinkel beschlagnahmten die sowjetischen Besatzer mehrere Häuser, ohne um sich um deren Besitzer zu kümmern. Von diesen Häusern aus wurde der militärische Bahn- und Verladebereich überwacht. In einem der Häuser richtete sich der militärische Nachrichtendienst GRU ein.

Mehrere Arbeiter der MUNA Crawinkel wurden auf Grund ihrer Tätigkeit verhaftet und im Speziallager 2 Buchenwald interniert. Dabei handelte es sich um das ehemalige Konzentrationslager Buchenwald, das in seiner bestehenden Form von 1945 bis 1950 genutzt wurde.

In der sowjetischen Besatzungszone gab es insgesamt zehn solcher Speziallager. Sie dienten offiziell zur Inhaftierung von NS- und Kriegsverbrechern. In Wirklichkeit wurden hier willkürlich ausgewählte Personen eingesperrt, die spezielle Funktionen im nationalsozialistischen Deutschland innegehabt hatten. Dazu gehörten Funktionäre der NSDAP, Mitarbeiter der Gestapo, Mitglieder der SA, HJ-Jungen aber auch Lehrer, Bürgermeister und Beamte. Die Lebensbedingungen in den sowjetischen

Speziallagern waren zum größten Teil katastrophal. Mangelhafte Ernährung, kaum vorhandene medizinische Betreuung und die willkürliche Behandlung durch das Wachpersonal führten zu massenhaftem Sterben in den Lagern. Insgesamt waren etwa 157.000 Personen in den Speziallagern interniert, von denen nach vorsichtigen Schätzungen 40.000 den Tod fanden.

Auch außerhalb solcher Lager war das Leben der Zivilbevölkerung in der sowjetischen Besatzungszone von Angst und Schrecken geprägt. Frauen und Mädchen trauten sich aus Angst vor Vergewaltigungen kaum noch

Gedenkstelle Speziallager 2 Buchenwald 1945–1950

aus ihren Häusern. Dass es tatsächlich zu sexuellen Übergriffen kam, bezeugt die Aussage von Dr. Charlotte Berkes-Mücke. Die Dame war zu jener Zeit fast täglich mit dem Fahrrad in den Ortschaften Wölfis und Gossel unterwegs, um medizinische Hilfe zu leisten. Da Frau Doktor noch jung und außergewöhnlich attraktiv war, bestand besondere Gefahr für sie. Insgesamt wurde sie vier Mal von sowjetischen Soldaten belästigt, kam wie durch ein Wunder jedoch jedes Mal glimpflich davon. Einen dieser Vorfälle beschrieb sie mit folgenden Worten:

An einem Freitag im Sommer 1945 radelte ich wieder zu meiner Sprechstunde nach Gossel. Plötzlich hörte ich ein fürchterliches Wimmern und sah im Getreidefeld eine junge Frau liegen, die ein Russe überfallen hatte. Als der Russe mich sah, schnappte er sein Fahrrad und verfolgte mich nun. Meine Armbinde und der Rote-Kreuz-Wimpel am Fahrrad störten ihn offensichtlich nicht. Ich strampelte um mein Leben und es entwickelte sich eine regelrechte Verfolgungsjagd des ansteigenden Wegs hinauf. Schließlich fuhr er mit seinem Rad in mein Vorderrad, so dass ich stürzte und dabei mein linkes Knie verletzte. Am Boden liegend, sah ich seinen gierigen Blick. Da sprang ich auf, wie von einer Tarantel gestochen, und versetzte ihm mit aller Kraft einen Faustschlag auf seine linke Halsseite. Er taumelte einen Augenblick, doch dann war sein Gesicht von ungeheurer Wut gezeichnet und er schrie mich an: ‚Du Soldat geschlagen, ich dich erschießen! ‘ Als er mit der Pistole vor meinem Kopf rumfuchtelte, nahm ich seine Hand und führte sie zum Herzen. - ‚Warum? ‘ fragte er erstaunt und ich antwortete: ‚Herz – gleich tot! ‘ Inzwischen kamen Bauern vom Feld gelaufen, die meine Hilferufe gehört hatten und der Russe verdrückte sich mit Karacho.

In Gossel waren etwa 1000 Russen stationiert und ich ging zu ihrem Chef. Ein russischer Arzt verband mein Knie fachgerecht. Dann sollte ich unter den angetretenen Russen den Übeltäter benennen. Er war natürlich nicht dabei. Große Entschuldigung, und damit war der ganze Zauber erst mal vorbei.

Dennoch hatte das Ereignis für mich die allerbesten Folgen. Die Russen begegneten mir künftig freundlich und achtungsvoll und nie mehr tat mir einer etwas an. …[5]

Frau Dr. Berkes-Mücke hatte tatsächlich Glück gehabt. Vielen anderen deutschen Frauen ging es nicht so. Schätzungen zufolge wurden während und nach dem Zweiten Weltkrieg zwei Millionen deutsche Frauen und Mädchen von sowjetischen Soldaten sexuell belästigt.

Auf der bereits erwähnten Konferenz in Jalta hatten die Alliierten vereinbart, dass binnen zwei Jahren nach der Kapitulation Deutschlands dessen militärisches Potential zu zerstören sei. Im Gegensatz zu den westlichen Alliierten setzten die Russen diese Vereinbarung konsequent um.

Wie überall in der sowjetischen Besatzungszone wurde auch in der MUNA Crawinkel alles Verwertbare demontiert und nach Russland geschickt. Zur Demontage in Crawinkel wurden speziell ehemalige nationalsozialistische „Aktivisten" eingesetzt, wie etwa HJ-Jungen, BDM-Mädchen und heimkehrende Soldaten.

Ab 1946 wurde dann mit der systematischen Sprengung der Bunker und der Produktionsstätten in der ehemaligen Munitionsanstalt begonnen. Aus unerfindlichen Gründen zerstörten die sowjetischen Soldaten auch die dazugehörige Wohnsiedlung.

Die systematische Demontage und Zerstörung aller Bausubstanz in der MUNA Crawinkel war umso erstaunlicher, als sich im Anschluss daran die russischen Truppen in dem zerstörten Gelände häuslich einrichteten. Es wurden einfachste Holzbauten errichtet. Neben Offiziers- und Mannschaftsunterkünften entstanden ein Lazarett, ein Casino und ein Kino. Zunächst nur als Sommerlager genutzt, war die MUNA Crawinkel ab 1947 dauerhaft vom sowjetischen Militär besetzt. Das Gelände wurde neu umzäunt und streng bewacht. Mit der Zeit vergrößerte sich das militärische Sperrrgebiet und ging bald weit über die Grenzen der früheren Munitionsanstalt hinaus.

Die anfängliche Angst der Anwohner vor den russischen Besatzern wich bald einer dauerhaften Verärgerung über deren rücksichtsloses Verhalten. Am Bahnhof von Crawinkel herrschte Tag und Nacht Lärm, da ständig Militärtransporte entladen und beladen wurden. Ebenso nervtötend war das tägliche Musik- und Nachrichtenprogramm, das in der früheren Munitionsanstalt aus überdimensionierten und übersteuerten Lautsprecheranlagen vom frühen Morgen bis zum späten Abend schallte. Zudem sorgte die systematische Zerstörung von Straßen, Wegen und Grundstücken

durch die russischen Panzer für verständliche Wut in der Bevölkerung. Regelmäßige Diebstähle und Einbrüche in den Wohnhäusern trugen ihr Übriges dazu bei, keine wirklich guten Beziehungen zwischen Deutschen und Russen aufkommen zu lassen.
Die genaue Zahl der im Bereich des TÜP Ohrdruf und den angrenzenden Orten stationierten russischen Soldaten ist nicht bekannt, wird jedoch auf etwa 10.000 geschätzt, dazu kamen noch die Angehörigen der höheren Offiziere. Nur ein geringer Teil davon war in der MUNA Crawinkel untergebracht.

Im Rahmen der Wiedervereinigung Deutschlands kam es zu Beginn der 1990er Jahre zum Abzug der sowjetischen Truppen aus dem Gebiet der ehemaligen DDR. Die in Thüringen stationierten Truppen verließen ab Februar 1991 ihre Standorte. Die MUNA Crawinkel wurde mit Protokoll vom 24. September 1991 von der sowjetischen Kommandantur an den Bund übergeben. Für die russischen Offiziere aus dem Raum Ohrdruf fand auf der nahegelegenen Wachsenburg eine kleine Abschiedsfeier statt. Die Bewohner von Crawinkel und den umliegenden Ortschaften sahen den abziehenden sowjetischen Truppen mit Erleichterung hinterher. Auch wenn sich mit den Jahrzehnten eine gewisse Normalität eingestellt hatte, hatte man die russischen Soldaten doch immer als Besatzer gesehen.

Obwohl sich nach dem Abzug der Russen eine Bürgerinitiative „Nie mehr Truppenübungsplatz Ohrdruf" gründete, übernahm am 22. Dezember 1993 die Bundeswehr den Truppenübungsplatz zur weiteren Nutzung.
Die MUNA Crawinkel wurde nicht von der Bundeswehr übernommen und fiel nun in die Kategorie Rüstungsaltlasten. Bei einer ersten Bestandsaufnahme in den Jahren 1991/92 wurden 26 Objekte als Altlastenverdachtsfälle eingestuft. Darunter befanden sich Reste der gesprengten Bunker, Teile des technischen Bereiches des ehemaligen russischen Fuhrparkes und ein unterirdisches Tanklager. Die Landesentwicklungsgesellschaft Thüringen gab ab 1996 mehrere Gutachten in Auftrag. Letztendlich wurden nur das unterirdische Tanklager und eine Fahrzeug-Waschrampe als umweltgefährdend eingestuft. Im Mittelpunkt der ersten Maßnahmen ab 1998 stand der Rückbau des Tanklagers.

Auf Grund der Munitionsbelastung des Geländes der MUNA Crawinkel musste auch der Kampfmittelräumdienst aktiv werden. Bereits 1956 hatte der Munitionsbergungsdienst der DDR 16.341.108 Sprengkörper und Munitionsteile in der früheren Munitionsanstalt geborgen. Im Zuge der Sanierung wurde im Jahr 2006 die Firma Röhll-Munitionsbergung mit der Beräumung einer Teilfläche von 16 Hektar beauftragt. Dabei wurden 18.100 kg größtenteils Munitionsschrott geborgen.
Im Rahmen dreier EU-geförderter Projekte im Zeitraum von 2007–2014 wurde die MUNA Crawinkel umfassend saniert. Im Einzelnen waren das:

Teilprojekt I
Instandsetzung der Wege, Deponiesanierung, Bergung versprengter Bunkerteile; Realisierung: 2008/2009 erledigt

Teilprojekt II
Kampfmittelsondierung/Flächenberäumung auf 146 Hektar; Realisierung 2010–31.05.2012

Teilprojekt III
Abbruch aller Bunker- und Gebäuderudimente, Aufnahme jeglicher Oberflächenversiegelung; Realisierung 05.2012–2013

Die weitere Sanierung und Bergung gestaltete sich auf Grund der Geländestruktur und der zum Teil sumpfigen Flächen als äußerst schwierig und zeitaufwendig. Am 11. Juni 2015 war es dann endlich soweit: Die Landesentwicklungsgesellschaft Thüringen verkündete offiziell den Abschluss der Sanierung der MUNA Crawinkel. Die Gesamtkosten für die Sanierung beliefen sich auf 8,2 Millionen Euro. Insgesamt waren 70,4 Tonnen Munition geborgen worden.
In der Folgezeit war es speziell der Gemeinderat der Ortschaft Wölfis, der sich um die weitere Nutzung der sanierten Geländefläche bemühte. So sollte auf dem Gelände mehrere Jahre Kies abgebaut werden und der danach entstehende Baggersee in ein Naturerholungsgebiet eingebunden werden. Da die erforderlichen Gutachten eine dauerhafte Kontaminierung

auf Grund der jahrzehntelangen militärischen Nutzung nicht ausschließen konnten, wurde aus diesen Plänen nichts.

Heute ist das Gelände der MUNA Crawinkel wieder ein Forstgebiet. Am 11. Juni 2015 wurde ein neuer Informationspunkt direkt im ehemaligen MUNA-Gelände an die Öffentlichkeit übergeben, der über die jahrzehntelange, wechselvolle Geschichte dieses einzigartigen Areals und vor allem über das ehemalige Häftlingslager informiert. Er soll auch als Ort der Erinnerung und Trauer der Angehörigen der während des Zweiten Weltkrieges hier internierten und ums Leben gekommenen Häftlinge des Außenkommandos „S III" dienen.

Informationspunkt Muna-Crawinkel

Sonderbauvorhaben „S III“ Jonastal

Am 24. August 1944 fand ein Treffen zwischen Generaloberst Alfred Jodl, Chef des Wehrmachtsführungsstabes, und Oberst Gustav Streve, Wehrmachtsadjutant bei Hitler, statt. Eines der besprochenen Themen war die Errichtung eines neuen FHQ im Raum Mitteldeutschland/Thüringen und Harz. In der Folgezeit erhielt nach reiflicher Überlegung und Begutachtung örtlicher Gegebenheiten das Jonastal bei Arnstadt den Zuschlag.

Die Leitung der baulichen Maßnahmen für das neue FHQ, das die Tarnbezeichnung Sonderbauvorhaben „S III“ trug, wurde dem „Baubüro Dr. Kammler“ übertragen.

Um dem Leser einen ersten Einblick in das gigantische Bauvorhaben im Jonastal zu ermöglichen, soll an dieser Stelle der Wortlaut eines offiziellen Berichtes des Leiters der sowjetischen Militärverwaltung des Bundeslandes Thüringen, Oberst Kortunow, an den Leiter der sowjetischen Militärverwaltung in Deutschland, Generalleutnant Lukjantschenko, vom 9. Februar 1946 wiedergegeben werden. Der Bericht trägt die Bezeichnung „Die unterirdische Anlage Jonastal im Kreis Arnstadt“. Darin heißt es:

Alfred Jodl

A) *Laut Angaben der Mitarbeiter, die am Bau der unterirdischen Anlage Jonastal beteiligt waren, ist der Baubeginn auf den November 1944 zu datieren und das Bauende auf April 1945. Auf Grund der Geheimhaltung und der Vernichtung der technischen Unterlagen konnte der Zweck dieses Baus nicht festgestellt werden. Doch die Analyse der Untersuchungsergebnisse lässt den Schluss zu, dass die Anlage Jonastal nicht zur Unterbringung von Industrieunternehmen vorgesehen war. Diese Annahme wird durch folgende Fakten unterstützt:*

1. Die vorgenommene Blockbildung und Planung der Stollen sowie die geringe Stollenbreite lassen eine rationelle Organisation komplizierter technischer Prozesse nicht zu, sind eher im Gegenteil charakteristisch für Verwaltungs- oder Wohngebäude.

Stolleneingang Nr. 12, 1945

Ehemaliger Stolleneingang, heutiger Zustand

2. Die reiche und sorgfältig durchgeführte Innenbearbeitung der Stollen sowie die Konstruktion der hydrotechnischen und Wärmeisolierung der Wände, Decken und Böden zeugen von hohen Anforderungen an den Innenausbau der Räume und haben zum Ziel, Bedingungen absoluten Komforts zu schaffen. Auch dies ist typisch für Wohn- und Verwaltungsgebäude.

3. Das relativ kleine Wasserbecken, nur 400 m², konnte höchstens eine Einrichtung versorgen, die für eine geringe Anzahl von Menschen vorgesehen war.

4. Spezielle Schleusen an den Eingängen dieser Anlage (zum 1. und 3. Block) deuten darauf hin, dass die Haupträume vor Wind, kalter Luft und Luftwellen bei Explosionen geschützt werden sollten. Dieses Ziel entfällt bei unterirdischen Industrieanlagen.

5. Ein geschützter und gut getarnter Ersatzstollen (2. Block), der alle drei Blöcke miteinander verbindet, sollte die ständige Verbindung zwischen den Räumen während eines Angriffs oder der Einnahme der Haupteingänge durch den Feind herstellen.

6. Ein gut getarnter und von oben geschützter Teil mit einer Ausdehnung von 215 m, bietet die Möglichkeit, unbemerkt eine große Anzahl von Fahrzeugen

Links Baugruppe I; rechts Baugruppe III und IV. 1945

unterzustellen. Das deutet darauf hin, dass die Anlage für ein Hauptquartier der Verwaltung oder des Militärs vorgesehen war.

7. Das Vorhandensein aller möglichen kleinen Vertiefungen in den Stollenwänden weist auf den Wohncharakter der Anlage hin. Es könnte sich dabei um individuelle sanitäre, Lager- oder andere Hilfsräume handeln.

Schlussfolgerungen:
1. Die genannten Angaben lassen den Schluss zu, dass die Anlage Jonastal allem Anschein nach für das Führerhauptquartier vorgesehen war.

2. Die Richtigkeit dieser Schlussfolgerung wird durch frühere Zeitungsmeldungen bestätigt, die besagten, dass die Hitlerbande bei Kriegsverlust vor hatte sich bis zum Eintritt besserer Zeiten in den Bergen Süddeutschlands zu verstecken. Dort konnte man die natürlichen Bedingungen für die Verteidigung nutzen, die für einen langen Widerstand besonders günstig waren.

B) ***Die Ausmessungen der unterirdischen Anlage Jonastal betragen:***

1. ausgehobener Boden:	*80.000 m^3*
2. Gänge und Wände aus Beton:	*20.000m^3*
3. Isolationsvorrichtungen:	*40.000 m^2*
4. Gesamtlänge des Stollens:	*2.700 m*
5. Fläche der Anlage:	*9.000 m^2*
6. Raumvolumen:	*31.000m^3*

C) *Die Verschalung der Stollen ist aus Zement. Die Wand- und Deckendicke beträgt im Durchschnitt 50 cm. Die Stollen mit einer Breite von 4,75 m haben ein Deckengewölbe mit Bögen von 45 cm. Das Gewölbe ist mit Eisenschienen im Abstand von 103 cm befestigt.*

Die Stollen mit einer Breite von 2,40 m verfügen auch teilweise über ein Deckengewölbe mit horizontalen Eisenbalken mit einem Abstand von 60–100 cm.
Die Stollenkonstruktion entspricht der Norm und besteht aus folgenden Elementen: Die an das Berggestein angrenzende Schicht ist trocken aus großen Steinen gelegt, in deren unterem Teil sich das Abflussrohr der Kanalisation befindet.

Dieser Steinschicht folgt eine Schicht mageren Betons mit einer Dicke von 40–50 cm. Auf der Betonschicht befindet sich eine Feuchtigkeitsisolierung aus Blech besonderer Qualität von beiden Seiten mit Bitumen und feinem Sand abgedeckt. Die Platten des Dämmmaterials auf dem Beton sind 10 mal 1 m groß. Für die Betonarbeiten ist der vorhandene Kalkstein genommen worden. Das Betongemisch besteht aus einem Teil Zement, zwei Teilen zerbröckeltem Schotter und vier Teilen Steinschutt.

D) *Die Jonastal-Anlage hat 26 tunnelförmige Ausgänge, die auf Asphaltwege hinausführen. Aufzüge gibt es nicht. Sie sind auch nicht notwendig, da der Stollen schachtmäßig angelegt ist. Beleuchtung ist nicht vorhanden, Bohrvorrichtungen gibt es nicht, die gesamte einmal vorhandene Ausrüstung ist demontiert.*

Die unterirdische Anlage befand sich noch in der Bauphase. Zum jetzigen Zeitpunkt ist sie vollständig geräumt, so dass die vorbereitenden Arbeiten zur Sprengung und Beseitigung beginnen könnten.[6]

Ehemalige Kompressorenanlage

Am 2. November besichtigten Reichsführer SS Heinrich Himmler, Oberst Gustav Streve, Kommandant des FHQ, und der Bauverantwortliche SS-Obergruppenführer Hans Kammler den TÜP Ohrdruf. Die Herren wollten sich einen Überblick über die Vorbereitungen für den Bau des neuen FHQ und das dazugehörige Außenkommando „S III" verschaffen. Nach Himmlers Zustimmung wurde am 4. November 1944 ein Teil des Truppenübungsplatzes von der Wehrmacht geräumt und nur zwei Tage später trafen die ersten dreihundert Häftlinge aus dem Konzentrationslager Buchenwald im Lager ein. Deren Aufgabe war es zunächst, das militärische Truppenlager in ein Häftlingslager umzubauen. Stacheldrahtzäune und Wachtürme wurden errichtet, die Mannschaftbaracken zu Gefangenunterkünften umgebaut. Am 16. November 1944 traf dann der erste Transport mit 1000 Häftlingen aus dem Konzentrationslager Sachsenhausen ein. Täglich kamen neue Transporte mit Arbeitskräften im Außenkommando „S III" an. Darunter auch ein gewisser Rolf Baumann, der aus

Stelle eines völlig versprengten Stolleneingangs

dem Konzentrationslager Buchenwald zum Sonderbauvorhaben „S III“ kam. Jener wusste Folgendes zu berichten:

Wir kamen also im September 1944 mit 1000 Mann am Freitag an. Bereits am Samstagmorgen ging es gleich mit Karacho an die Arbeit. Es wurden Stollen in den Berg getrieben. Gearbeitet wurde in drei Schichten. Das Tempo bei der Arbeit war ungeheuer und von den Aufsichtspersonen, wie SS, Technische Nothilfe sowie Zivilpersonen, wurde viel geschlagen.[7]

Anzumerken sei, dass Baumann sich bei seiner Aussage im Monat geirrt haben muss. Da er laut eigenen Aussagen fünf Monate im Außenkommando „S III“ war und den Evakuierungsmarsch im April 1945 mitmachte, meinte er wohl statt September November 1944. Nach offizieller Geschichtsschreibung trafen die ersten Häftlinge nachweislich erst im November 1944 im Lager ein.

Reste eines Pumpenaggregats

Die Bauarbeiten für das neue FHQ im thüringischen Jonastal begannen am 20. November 1944 unter größter Geheimhaltung. Die Straßen um die Baustelle wurden für den Durchgangsverkehr gesperrt, das gesamte Gebiet von SS-Truppen strengstens bewacht.
In kürzester Zeit verwandelte sich der relevante Platz am Steilhang im Jonastal in eine Großbaustelle. Es wurde eine planierte Fläche angelegt, von welcher der Vortrieb der Stollen begann. Für den Abtransport des Abraums wurden die Schienen einer Feldbahn direkt bis an die Mundlöcher der Stollen verlegt.
Mit gezielt gesetzten Sprengladungen wurden die Stollen zunächst grob vorwärts getrieben, alle weiteren Erschließungen führten die Häftlinge mit Kompressorhämmern, zum Teil auch mit Hammer und Meißel durch. Die Kompressoren auf der Gegenseite der Jonastalstraße waren Tag und Nacht in Betrieb, Reste dieser Anlagen sind noch heute zu besichtigen.
In drei Schichten höhlten die Häftlinge den Muschelkalkhang unterhalb des Truppenübungsplatzes aus. Expertenmeinungen sprechen davon, dass insgesamt 25.000 bis 30.000 Häftlinge auf der Baustelle im Jonastal beschäftigt wurden. Obwohl es sich hier um eine Großbaustelle handelte, scheint die Zahl der Häftlinge für die Größe der Anlage und die relativ kurze Bauzeit sehr hoch angesetzt. Dass die Zahl der beschäftigten Häftlinge jedoch hinkommen könnte, wird an späterer Stelle besprochen.
Neben den Tausenden von Häftlingen waren etwa 900 Zivilpersonen aus verschiedenen privaten Firmen beim Sonderbauvorhaben „S III" beschäftigt. Diesen Firmen wurde ermöglicht, für den Bau dringend benötigte Fachkräfte von der Front zurückzubeordern. Die dafür benötigten Gesuche gingen an das „Baubüro Dr. Kammler" in Berlin und wurden sofort bewilligt.
Insgesamt wurden 25 Stollen in den Berg getrieben. Die Zählung erfolgte in Richtung Arnstadt von links nach rechts. Zum Teil waren die Stollen miteinander verbunden, Stollen 1, 2, 3, 4, 5, 13, 14, 15 waren jedoch jeweils Einzelstollen. Anzumerken sei, dass die Unterteilung des Stollensystems in vier Abschnitte, wie sie von verschiedenen Autoren beschrieben wird, erst nach dem Zweiten Weltkrieg erfolgte. Aus der Zeit der Bautätigkeit ist keine Unterteilung der Anlage bekannt, das Sonderbauvorhaben „S III" galt als Gesamtobjekt ohne Unterteilung. Die Unterteilung sorgte später für einige

Verwirrung bei Mutmaßungen über den Verwendungszweck von „S III". Es besteht jedoch kein Zweifel, dass es sich hierbei um ein neues FHQ handelte.

Da alle FHQ und größeren Bunkeranlagen aus Sicherheitsgründen über Notausgänge verfügten, durften diese beim Sonderbauvorhaben „S III" natürlich nicht fehlen. Der am Bau beteiligte Häftling Fred Wander spricht in seinem autobiografischen Buch „Der siebte Brunnen" von senkrechten

Vermauerter Stolleneingang

Stollen, die auf der Bergkuppe entlang dem Jonastal vorgetrieben wurden, um sie anschließend mit Treppen zu versehen. Getarnt waren die Notausgänge des zukünftigen FHQ mit Baracken, welche auf dem Truppenübungsplatz nicht weiter auffielen.

Über das Sonderbauvorhaben „S III" sind nur wenige Unterlagen erhalten geblieben. Daher ist der sogenannte Kottbericht für die heutige Jonastalforschung von unschätzbarem Wert. Angefertigt wurde der Bericht im Oktober 1945 vom Architekt Ernst Kott aus Arnstadt im Auftrag der sowjetischen Militärverwaltung. Der Bericht besteht aus einer Dokumentation der Baustelle mit einem Erläuterungsbericht und geologischem Gutachten, neun großformatigen Bauzeichnungen, 42 Fotografien inkl. zwei Panorama-Aufnahmen. Er gibt sachdienliche Hinweise zum hier besprochenen Sonderbauvorhaben „S III". Im folgenden Auszüge aus dem Kottbericht:

Das auf beiliegenden Plänen dargestellte Bauwerk wurde Anfang November 1944 begonnen und Ostern 1945 infolge Zusammenbruch des Deutschen Reiches wieder eingestellt. Zu was für Zwecken das Bauwerk dienen sollte, ist bisher geheim gehalten worden; auch heute ist man noch im Unklaren, was es überhaupt werden sollte. Es waren Gerüchte im Umlauf, dass das Führerhauptquartier hierher verlegt werden sollte, dass es eine Abschussstelle der „V2" und dass es eine Fabrikanlage werden sollte. Da die ausgebauten Stollen nur 4,40 und 4,70 Meter breit sind, könnte nur das Führerhauptquartier in Frage kommen; auch daraus, dass vermutlich die Stollen mit Parkettfußboden ausgelegt werden sollten.

Die Baustelle liegt an der Nordseite der Jonastalstraße zwischen Arnstadt und Crawinkel. Als Baustellen sind die steilen Bergabhänge gewählt worden, sicherlich aus dem Grunde, große Abschachtungsarbeiten zu vermeiden. Fast parallel der Jonastalstraße entlang schlängelt sich der Wildbach „Wilde Weiße". Dieser Bach führt nur bei starken Regenfällen und bei Schneeschmelze Wasser. Während der längsten Jahreszeit ist der Bach trocken. Die Anfuhr der Baumaterialien und der Baumaschinen erfolgte per Lastwagen von Arnstadt und Crawinkel sowie durch eine Kleinbahn von 60 cm Spurweite vom Bahnhof Crawinkel.

an der Technischen Universität München. Am 25. Oktober 1923 schloss Hans Kammler das Examen an der Technischen Universität Danzig mit dem akademischen Grad Diplomingenieur ab.
In der Folgezeit war Kammler ab 1924 als Regierungsbauführer im preußischen Staatsdienst im Hochbau tätig. Im Rahmen dieser Tätigkeit hatte er von Februar 1924 bis Februar 1925 die Bauleitung bei der Errichtung der Großsiedlung Zehlendorf inne. Kammlers Vorgesetzte waren sehr zufrieden mit dem jungen Architekten, der sich besonders bei der Planung und Organisation der Arbeitsabläufe größerer Bauvorhaben hervortat.
Am 4. Februar 1928 legte Kammler das Staatsexamen ab und wurde zum Regierungsbaumeister ernannt. Ab 1931 war er dann als nebenamtlicher wissenschaftlicher Sachbearbeiter bei der Reichsforschungsgesellschaft für Wirtschaftlichkeit im Bau- und Wohnungswesen tätig. Zwischenzeitlich hatte Hans Kammler eine gewisse Jutta Horn kennengelernt, die er am 14. Juni 1930 ehelichte.
Vom 1. April 1931 bis 1. September 1933 arbeitete Kammler für das Reichsarbeitsministerium und promovierte am 29. November 1932 an der TH Hannover zum Doktor der Ingenieurwissenschaften.

Mit der Machtübernahme der Nationalsozialisten in Deutschland begann Kammlers unaufhaltsamer beruflicher Aufstieg. Aus einem politisch national-konservativen Elternhaus stammend, war er in jungen Jahren bereits Mitglied im Freikorps Roßbach und trat im März 1932 in die NSDAP ein. Am 20. Mai 1933 wurde er Mitglied der SS. Kammlers Engagement in der nationalsozialistischen Bewegung führte zu seinem schnellen beruflichen Aufstieg. Auf Grund seines beruflichen Hintergrunds wurde er von den Machthabern des Dritten Reiches mit einer Vielzahl von unterschiedlichen Aufgaben betraut. So war Hans Kammler unter anderem von 1931 bis 1933 als Sachbearbeiter in einer ingenieurtechnischen Abteilung der Gauleitung Groß-Berlin der NSDAP tätig.
Von 1933 bis 1936 war er Leiter der Abteilung für Wohnungs- und Siedlungswesen in der Gauleitung Groß-Berlin der NSDAP. Von 1933 an fungierte er zudem im Auftrag der Partei als Vorsitzender des Reichsbundes der Kleingärtner und Kleinsiedler Deutschlands, der über eine Million Mitglieder hatte.

Am 1. Juni 1936 wurde Kammler als Referent für Bauangelegenheiten in das Reichsluftfahrtministerium versetzt. Am 1. November 1936 folgte die Beförderung zum Regierungsbaurat und am 1. Juni 1937 zum Oberregierungsbaurat. 1939 wurde Kammler zum Gruppenleiter Hochbau im Reichsluftfahrtministerium befördert.
Ab August 1940 war Hans Kammler dann hauptberuflich Mitarbeiter der SS und arbeitete zunächst im Hauptamt Verwaltung und Wirtschaft.
Am 1. Juni 1941 wechselte er zur Waffen-SS und wurde zum Chef des SS-Hauptamtes Haushalt und Bauten ernannt. In dieser Funktion unterstand ihm unter anderem die Oberaufsicht über alle KZ-Lagerbauvorhaben. Ferner war er Generalreferent für das Bauprogramm der Deutschen Arbeitsfront.
Ab August 1943 wurde Hans Kammler die Verantwortung für die Untertageverlagerung von diversen Rüstungsprojekten übertragen.

In kürzester Zeit hatte Hans Kammler eine beeindruckende Karriere hingelegt. In technischen Angelegenheiten galt er als der engste Vertraute von Heinrich Himmler und genoss auch das uneingeschränkte Vertrauen von Adolf Hitler. Kammler war das, was wir heute einen „Macher" nennen würden. Dienstlich über die Maßen engagiert, war er privat wortkarg und zurückhaltend. Der breiten Öffentlichkeit in Deutschland fast unbekannt, hatte Hans Kammler innerhalb der SS den legendären Ruf eines Genies. Rein optisch entsprach er dem vermeintlichen Typus des Ariers, groß, blond, schlank und blauäugig. Bei der Durchführung der ihm anvertrauten Projekte zeigte sich Kammler unnachgiebig und erfolgsorientiert. Unbedingte Pflichterfüllung machte seinen Charakter aus, die keine Rücksicht auf Beteiligte und drakonische Maßnahmen einschloss.

Kammlers Liste von Aufgaben und Positionen während des Zweiten Weltkrieges klingt fast unglaublich.
So leitete er den Einsatz der „V1" während der deutschen Angriffe auf London, Paris, Lüttich, Brüssel und Antwerpen. Weiterhin war er ab September 1944 für die gesamte Raketen- und Lenkwaffentechnik verantwortlich, hatte somit auch die Verantwortung für Entwicklung und Produktion der „V2". Kammler ließ die ersten unterirdischen, vor feindlichen Angriffen geschützten Produktionsstätten bauen. Zudem befehligte er die

SS-Baudivison, die im gesamten von Deutschland besetzten Gebiet diverse Bauvorhaben umsetzte. Adolf Hitler beauftragte Kammler höchstselbst mit dem Bau einer unterirdischen Abschussanlage für eine Interkontinentalrakete. Kurz vor Kriegsende wurde Hans Kammler von Adolf Hitler am 27. März 1945 dann noch zum Generalbevollmächtigten für das sogenannte „Strahlenjäger-Notprogramm" ernannt, mit denen in „letzter Minute" die Wende im längst verlorenen Krieg herbeigeführt werden sollte.

Eines der bedeutendsten Projekte von Hans Kammler war die Verlagerung der Forschungs- und Produktionsstätte der „V1/2" von Peenemünde in den Stollen des Kohnstein bei Nordhausen im Harz. Zum Bau der unterirdischen Rüstungsanlage am Kohnstein wurde in unmittelbarer Nähe das Konzentrationslager Mittelbau-Dora errichtet. Unter unvorstellbaren Bedingungen mussten die Häftlinge den sogenannten Kohnstollen erweitern und die Produktionsanlagen der „V-Waffen" errichten. Nach Beginn der Produktion lebten und arbeiteten die Häftlinge dann ständig im Kohnstollen.

Skoda-Werke, historische Darstellung von 1890

Hans Kammlers wohl engagiertestes Projekt war die „Forschungs- und Denkfabrik“ der Waffen-SS in der annektierten Tschechoslowakei. Unabhängig von der restlichen deutschen Rüstungsindustrie entwickelte die Waffen-SS dort neuartige Waffensysteme, die den Zweiten Weltkrieg zu Gunsten des Dritten Reiches entscheiden sollten. Die sogenannte „Kammler-Gruppe“, ein Stab von speziellen Ingenieuren und Wissenschaftlern, arbeitete als eine Art Tarnunternehmen innerhalb der Forschungs- und Entwicklungsabteilung der Skoda-Werke in Pilsen. Die Gruppe unterstand direkt dem Reichsführer SS Heinrich Himmler, der seinem Dienstherren Adolf Hitler berichtete. Die „Kammler-Gruppe“ in den Skoda-Werken arbeitete ohne Wissen von Rüstungsminister Albert Speer und den anderen deutschen Rüstungsforschungszentren. Unter strengster Geheimhaltung sollten hier die vielgepriesenen „Wunderwaffen“ des Deutschen Reiches geschaffen werden. Besonderen Vorrang genossen die Entwicklung und der Bau eines atomar angetriebenen Flugzeuges, die Nutzung von Atomenergie als Raketenantrieb, die Entwicklung selbstzielsuchender Raketen und der Einsatz spezieller Laser als sogenannte „Todesstrahlen“.

Das letzte große Bauvorhaben von Hans Kammler war die Errichtung des FHQ im thüringischen Jonastal unter der Tarnbezeichnung Sonderbauvorhaben „S III“. Wie üblich wurden Häftlinge eines Konzentrationslagers als billige Arbeitskräfte für den Bau eingesetzt. Aus diesem Grund bestand vom 6. November 1944 bis Anfang April 1945 das Außenlager „S III“ des Konzentrationslagers Buchenwald nahe der Baustelle im Jonastal. Kammler und die Mitarbeiter seines Baustabes agierten bei diesem Projekt besonders rücksichtslos. Man hatte sich wie erwähnt das aberwitzige Ziel gesetzt, das FHQ bis zu Hitlers Geburtstag am 20. April 1945 fertigzustellen und es dem „Führer“ sozusagen als Geschenk zu überreichen.
Im April 1945 überschlugen sich jedoch die Ereignisse in Deutschland, das geplante FHQ im Jonastal wurde plötzlich zweitrangig. Durch ihre Geheimdienste wussten die Alliierten von der „V1/2“-Produktionsstätte im Kohnstein bei Nordhausen. Die Einnahme von Nordhausen und der damit einhergehende Stopp der „V-Waffen“-Produktion wurden als kriegsentscheidend betrachtet. Daher änderten die britischen und amerikanischen Truppen ihre Stoßrichtung von der Reichshauptstadt Berlin in

Richtung Thüringen. Am 6. April 1945 erreichten amerikanische Truppen die Gegend um den Kohnstein bei Nordhausen und konnten die unterirdische Produktionsstätte fast kampflos einnehmen. Dabei wurden etwa 100 „V-Waffen" erbeutet. Vom Leitungsstab fehlte jedoch jede Spur. Diesen hatte Hans Kammler in einer „Nacht-und-Nebel-Aktion" mit sämtlichen Forschungsunterlagen ins bayrische Oberammergau bringen lassen. Doch an eine Weiterführung der Forschung geschweige denn eine neue Produktion von „Wunderwaffen" war nicht mehr zu denken. Angesichts der Kriegslage war bereits alles in Auflösung begriffen. Zudem herrschte zwischen Kammler und Wernher von Braun, dem Leiter der „V-Waffen"-Forschungsabteilung, auf Grund von Kompetenzstreitigkeiten bereits seit längerem eine unverhohlene Feindschaft.

In den letzten Kriegswochen scheint Hans Kammler alles für seinen „Abgang" vorbereitet zu haben. Er setzte eigenhändig Bevollmächtigte für seine Aufgabengebiete ein, nahm keinen Kontakt mehr zur „V-Waffen"-Forschungsabteilung in Oberammergau auf und kontaktierte auch seine Vorgesetzten in Berlin nicht mehr. Ab 17. April 1945 gab es keine bestätigten Nachrichten mehr von Hans Kammler. Zum Kriegsende war er praktisch verschwunden. Weder die „Kammler-Gruppe" in Pilsen noch die Forschungsgruppe um Wernher von Braun in Oberammergau konnten den Alliierten Hinweise auf Kammlers Aufenthalt geben. Sein plötzliches Verschwinden warf ebenso viele Fragen auf wie sein eigentliches Leben. Im Nachhinein betrachtet kannte niemand den privat immer verschlossenen SS-Offizier wirklich.
Gerüchten zu Folge soll sich Hans Kammler kurz vor Kriegsende in der Tschechoslowakei aufgehalten haben. Laut Vermutungen eines Vertrauten befand er sich wohl in Gesellschaft eines SS-Hauptscharführers einer frankophon-wallonischen Einheit der Waffen-SS, der ihm als Fahrer diente. Möglicherweise begab sich Kammler nach Pilsen, um in den Skoda-Werken Unterlagen an sich zu bringen. Diese hätte er dann als Unterpfand gegenüber den Alliierten ausspielen können, um sein Leben zu retten und sich eine mögliche berufliche Zukunft zu sichern. Hierbei handelt es sich jedoch nur um Vermutungen des Autors.
Vielfach wird heute davon ausgegangen, dass sich Hans Kammler noch vor Kriegsende den Alliierten ergeben hat, die ihn auf Grund seiner mitge-

brachten Forschungsergebnisse im Bereich der Raketenentwicklung gern aufnahmen. Rüstungsminister Speer behauptete Jahrzehnte nach Ende des Zweiten Weltkrieges in einem Buch, Kammler hätte bereits im November 1944 Kontakt zu den Alliierten aufgenommen, um die Seiten zu wechseln. Angeblich hätte Kammler ihn am 3. April 1945 dann in einem Gespräch persönlich dazu aufgefordert, sich gemeinsam abzusetzen, was Speer entrüstet abgelehnt hätte.

Nach der offiziellen Geschichtschreibung fand Hans Kammler am 9. Mai 1945 in bzw. bei Prag den Tod. Seine Witwe, Jutta Kammler, hatte dieses Datum am 7. September 1948 beim Amtsgericht Berlin-Charlottenburg gerichtlich festlegen lassen.
Über Kammlers angeblichen Tod gibt es verschiedene Versionen. So soll er tatsächlich am 9. Mai 1945 bei einem Feuergefecht zwischen Soldaten der Waffen-SS und tschechischen Partisanen in Prag getötet worden sein.
Weitere Versionen sprechen vom Selbstmord des SS-Offiziers. So soll sich Kammler am 9. Mai 1945 mit mehreren Männern der Waffen-SS auf einer Fahrt von Prag nach Pilsen befunden haben. Unterwegs ließ er den Wagen halten und verschwand in ein Wäldchen. Da Kammler lange weg blieb, suchte ihn einer der Soldaten. Dieser fand Kammlers Leiche mit einer zerbissenen Zyankalikapsel zwischen den Zähnen. Da Eile geboten war, wurde Kammler an Ort und Stelle beerdigt. In einer anderen Version dieser Geschichte ließ Kammler den Wagen halten und hielt eine kurze Rede. Er entband die Männer von ihren soldatischen Pflichten und empfahl ihnen, nach Hause zu gehen. Danach ging er in den Wald und erschoss sich mit seiner Dienstpistole.
Auf einen möglichen Selbstmord von Hans Kammler deutet auch die Aussage von Walter Dornberger, Generalmajor der Wehrmacht und Mitarbeiter der „V-Waffen"-Forschungsabteilung. Laut Dornberger soll sich Kammlers geistige Verfassung Ende März 1945 rapide verschlechtert haben. Sein sonst so übersteigertes Selbstbewusstsein sei in Selbstzweifel und nervöse Unruhe umgeschlagen. War der so dienstbeflissene SS-Offizier vom drohenden Untergang des Dritten Reiches derart mitgenommen, dass er seinem Leben tatsächlich ein Ende setzte? Wir wissen es nicht.
Erstaunlich ist die Tatsache, dass der Fall Kammler während der Nürnberger Prozesse vom Internationalen Gerichtshof nicht untersucht wur-

de. Sein Name kam nur einmal kurz zur Sprache, als Albert Speer vom amerikanischen Chefankläger, Richter Robert C. Jackson, zu Einzelheiten des deutschen Lenkwaffenprogramms befragt wurde. Speer wies alle Verantwortung von sich und verwies auf die Zuständigkeit „eines gewissen SS-Generals Kammler". Richter Jackson schien diese Bemerkung überhört zu haben, denn es wurden keinerlei Untersuchungen zu Hans Kammler unternommen. Das befeuerte natürlich die Gerüchte, das amerikanische Militär habe Kammler unter seine Fittiche genommen und ihn bei der eigenen Raketenforschung eingesetzt. Eindeutige Beweise gibt es dafür allerdings keine. Nur die Aussage eines gewissen Hans Rittermann, der laut eigener Aussage von 1938 bis 1945 Sonderbeauftragter der Reichspost und des OKW für Sonderbauvorhaben in Thüringen war und daher engen Kontakt zu Hans Kammler hatte. Zu dessen Verschwinden nach dem Ende des Zweiten Weltkrieges tätigte Rittermannn folgende Aussage:

Kammler befand sich bis zum 01.04.45 im Objekt ‚Burg' und im Bereich des sogenannten Sonderlager und verfügte über die Sicherung von Objekten gemäß Heeresdienstvorschrift 316, Teil I und II, und flog am Nachmittag vom Feldflugplatz Eichfeld/Bittstädt nach Hradisko in die dortige Zentrale. Mit dabei war Ober-Ing. Wagner, welcher nach Pilsen mußte.

Am 06.05.45 wurde das Labor (Teile) in Pilsen von der 5. US-Armee eingenommen. Am selbigen Tag fand mit General Patton und Kammler ein Gespräch statt. Am 09.05.45 wurde von General Patton in Absprache mit Kammler dessen Selbstmord bekanntgegeben.
Kammler war vom 25.05. bis 28.05.45 als Dr. Hausmann mit hohen US-Militärs und Wissenschaftlern im Gebiet Ohrdruf und Arnstadt. Er wohnte mit einigen Amis auf der Wachsenburg. Dabei wurde der Fehler der Amis aufgeklärt, Hitler sei auf der Burg (Wachsenburg). Auf den Ami-Karten war die Wachsenburg nur als Burg verzeichnet. Doch die „Burg", die das FHQ betraf, war das Objekt ‚Burg'.

Beim Aufenthalt Kammlers ging es um den Transport der Anlagen der Fabrik gegenüber Bergbad und den der Versuchsflugzeuge in Ohrdruf. Im Tal und im FHQ war Kammler zu dieser Zeit nicht einmal. Sie flogen mit drei

Flugzeugen am 28.05.45 um 14:30 Uhr vom Feldflugplatz Eichfeld. Da die US-Miltärs Dr. Kammler aus Sicherheitsgründen nicht in die USA bringen konnten, wurde Kammler wieder auf Schloss Hradisko gebracht bzw. in das dortige Objekt.

In Absprache zwischen den Amis und den Russen (dann auch Tschechen) wurde Kammler bei einem tschechischen Onkel der deutschen Chefsekretärin der Gestapo Augusta Sinkowa (Sink), geb. Brünn, im Dorf Skalka (Prostejov) untergebracht. Kammler konnte die tschechische Sprache. Er wurde als von den Nazis verfolgter Wissenschaftler ausgegeben und mit russischen und tschechischen Widerstandsorden ausgezeichnet. Kammler erhielt einen neuen Namen, ich kenne diesen Namen, und verstarb im März 1972. Ob er in Skalka beerdigt wurde oder woanders, ist mir nicht bekannt. Die Amis hatten mit den Russen eine Vereinbarung über Kammler abgeschlossen, daß er für beide Mächte verfügbar war. Ich selbst habe mit Kammler 1959 und 1964 in Prag gesprochen. Den Amis wie auch den Russen ging es dabei um folgende Objekte: Pilsen, Skoda-Werke, Dittmannsdorf, Ohrdruf, Lehesten, Stettin, Horst, Lußnin, Heidelberg, Stechowitz, Tharandt, Arnstadt, Stadilm, Peenemünde, Königsberg, Schlowa und Ludwigshafen.

Er war also als Lebender für beide Seiten eine gefragte Person. Ab 1967 wurde er von Dipl.-Ing. Klein (ehemaliger SS-Obergruppenführer-General), welcher ebenfalls in Arnstadt in der Fabrik und auch im Objekt ‚Burg' war, von der BRD aus betreut. Klein war von den USA ins Internationale Lager Dachau gebracht worden, wurde von den Amis als Chef der Skoda-Werke voll reingelegt und als Gegenleistung für Kammler an die Tschechen ausgeliefert, dort verurteilt und 1967 entlassen. Von da an lebte er in der BRD und war bis zum Tod Kammlers dessen rechte Hand. Kammler hatte zu seiner Familie ab 1945 keinen Kontakt.[16]

Hans Kammler umgibt bis heute ein düsterer Nimbus als Universalgenie des Dritten Reiches. In Schriften und Dokumentationen über die Zeit des Nationalsozialismus wird er nur selten erwähnt. Gekannt hat den Menschen Hans Kammler anscheinend niemand wirklich. Er bleibt bis heute eine der rätselhaftesten Personen des Nazi-Regimes.

Außenkommando „S III“ Konzentrationslager Buchenwald

Das Außenkommando „S III“ Konzentrationslager Buchenwald bestand vom 6. November 1944 bis Anfang April 1945 und diente offiziell ausschließlich zur Unterbringung von Häftlingen, die am Sonderbauvorhaben „S III“ im Jonastal tätig waren. Der Autor hat hier absichtlich das Wort „offiziell“ eingefügt, da er auf Grund seiner umfangreichen Recherchen davon ausgeht, dass die Häftlinge vom Außenkommando „S III“ auch bei anderen Bauvorhaben im Bereich „AWO“ eingesetzt wurden.

Das Außenkommando „S III“ gliederte sich in vier Teile, namentlich Nordlager, Südlager, Lager „C“ und Zeltlager Espenfeld.
Nordlager und Südlager befanden sich direkt auf dem TÜP Ohrdruf. Dazu

Gedenkstätte Außenkommando S III im Jonastal

wurden Teile des ehemaligen Militärkomplexes mit Stacheldraht umzäunt. Zusätzlich befand sich zwischen den beiden Lagern noch das sogenannte Russenlager. Dieser Teil des Truppenübungsplatzes trug seinen Namen auf Grund der Tatsache, dass hier von 1941 bis 1943 russische Kriegsgefangene interniert waren. Später diente dieser Lagerteil zeitweilig zur Unterbringung von Häftlingen des Sonderbauvorhabens „S III" und wurde teilweise auch als Krankenlager verwendet.

Lager „C" war ab Dezember 1944 in der ehemaligen Luftmunitionsanstalt 1/IV Crawinkel untergebracht. Zur Errichtung des Lagers „C" wurden 50 der vorhandenen Bunker genutzt, die mit Stacheldraht eingezäunt wurden. In die 15 mal 15 Meter großen Bunker wurden bis zu 80 Häftlinge gepfercht. Laut der Aussage von Häftlingen wurden in Zeiten der Höchstbelegung auch verschiedene Nebengebäude zur Unterbringung neuer Gefangener genutzt. Zeitweilig waren 3.000 bis 6.000 Häftlinge im Lager „C" interniert. Lager „C" galt als die „Hölle" unter den Häftlingen des Außenkommandos „S III". Fehlende sanitäre Einrichtungen, mangelhafte Ernährung, kaum vorhandene ärztliche Versorgung und das

Am Randes des Konzentrationslagers Buchenwald

Nächtigen in den unbeheizten Bunkern verstärkte die Qual der täglichen unmenschlichen Arbeit.

Auf Grund der steigenden Zahl von Häftlingen, die für die verschiedenen Bauprojekte im Bereich „AWO“ benötigt wurden, kam es ab Februar 1945 zur Einrichtung des provisorischen Lagers bei Espenfeld. Das Lager bestand aus sechs großen Armeezelten und einigen Baracken, in denen bis zu 1.500 Häftlinge unter menschenunwürdigen Bedingungen untergebracht waren. Espenfeld galt neben Lager „C“ als das schlimmste Lager des Außenkommandos „S III“. Neben fehlender medizinischer Betreuung und kaum nennenswerter Verpflegung der Häftlinge trug die Bewachung durch ukrainische SS-Angehörige mit 25 Wachhunden ihr Übriges dazu bei, dem Zeltlager Espenfeld unter den Häftlingen den düsteren Nimbus eines „Todeslagers“ zu verleihen.

Die genaue Zahl der im Außenkommando „S III“ untergebrachten Häftlinge lässt sich heute nicht mehr genau ermitteln. Der akribisch recherchierende Autor Klaus-Peter Schambach hat jedoch aus erhalten gebliebenen Dokumenten folgende Liste erstellt:

Der zynische Wahlspruch des Lagers

Zugang Häftlinge Außenkommando „S III“

Datum	Zugang Häftlinge	vom Konzentrationslager
06.11.1944	300	Buchenwald
07.11.1944	8	Buchenwald
09.11.1944	200	Buchenwald
16.11.1944	1000	Sachsenhausen
16.11.1944	150	Buchenwald
18.11.1944	50	Buchenwald
20.11.1944	998	Buchenwald
24.11.1944	497	Buchenwald
27.11.1944	1027	Buchenwald
27.11.1944	1000	Flossenbürg
07.12.1944	30	Buchenwald
09.12.1944	1497	Buchenwald
15.12.1944	1500	Buchenwald
18.12.1944	1000	Buchenwald
08.01.1945	500	Buchenwald
09.01.1945	1001	Buchenwald
20.01.1945	299	Sachsenhausen
22.01.1945	1313	Ausschwitz
23.01.1945	425	Dachau
24.01.1945	1000	Buchenwald
25.01.1945	320	Natzweiler
26.01.1945	800	Buchenwald
29.01.1945	10	Halberstadt
03.02.1945	1	Sachsenhausen
14.02.1945	1000	Buchenwald
14.03.1945	2000	Flossenbürg
16.03.1945	1000	Buchenwald
22.03.1945	1000	Buchenwald
25.03.1945	11	k. A.
25.03.1945	1	Buchenwald

Wie aus der Liste ersichtlich, kamen die meisten Häftlinge aus dem Konzentrationslager Buchenwald in das Außenkommando „S III". Zunächst trafen die Transporte der Häftlinge in regelmäßigen Abständen im Außenkommando „S III" ein. Zwischen dem 9. Januar und dem 20. Januar 1945 klaffte eine erste größere Lücke. Bis dahin waren es 10.758 Häftlinge, die für die Arbeiten auf der Baustelle im Jonastal eingesetzt wurden. Rechnet man einen gewissen Prozentsatz an Kranken und Toten ab, waren es rund 10.000 Arbeitskräfte, die in zwei Schichten zu jeweils zwölf Stunden am neuen FHQ arbeiteten. Diese ergibt bei 5.000 Arbeitern und 25 Stollen pro Schicht und Stollen 200 Arbeitskräfte. Das ist eine durchaus realistische Zahl. Der Autor ist der Ansicht, dass die ab dem 20. Januar 1945 im Außenkommando „S III" eingetroffenen Häftlinge auf den anderen Baustellen eingesetzt wurden, die heute im Bereich „AWO" vermutet werden. Es gibt eine weitere große Lücke zwischen dem 14. Februar 1945 und dem 14. März 1945. Ab März trafen noch einmal 4.012 Häftlinge im Außenkommando „S III" ein. Der Autor vermutet, dass diese Häftlinge zur Unterstützung der erschöpften Arbeitskräfte auf der Baustelle im Jonastal eingesetzt wurden.

Zum ewigen Gedenken

Der Arbeitseinsatz der Häftlinge war durch eine tägliche Routine geprägt. Er begann mit dem Wecken in aller Früh und einem sich anschließendem Zählappell, bei dem die Arbeitseinsätze festgelegt wurden. In der Regel waren diese Appelle mit der Selektion arbeitsunfähiger Häftlinge verbunden.
Arbeitsunfähige Häftlinge wurden in die Konzentrationslager Sachsenhausen, Buchenwald und Bergen-Belsen abgeschoben. In regelmäßigen Abständen wurden sogenannte „Invalidentransporte" zusammengestellt, in denen alle Häftlinge zusammengefasst waren, die von den Lagerärzten auf Grund ihrer völligen Arbeitsunfähigkeit aussortiert wurden. Ein Großteil dieser Häftlinge stand bereits an der Schwelle zum Tode, wie aus einem Schreiben des Standortarztes der Waffen-SS Weimar vom 13. Januar 1945 zu entnehmen ist:

Von den am 12. Januar 1945 hier eingetroffenen Häftlingen, die vom Außenlager S III nach dem KZ Buchenwald überstellt worden sind, und deren Gesamtzahl 1400 beträgt, sind bis heute Vormittag 203 Mann verstorben. Der größte Teil dieser Häftlinge war nicht mehr in der Lage, Angaben über ihre Person zu machen, so dass die Bearbeitung der Todesfälle auf erhebliche Schwierigkeiten stößt. …[17]

Der bereits erwähnte Autor Klaus-Peter Schambach hat aus erhalten gebliebenen Dokumenten auch eine Liste der arbeitsunfähigen Häftlinge erstellt, welche das Außenkommando „S III" verließen:

Abgänge Außenkommando „S III"

Abfahrt	Häftlinge	Ankunft	Konzentrationslager
07.01.1945	600	keine Angaben	Sachsenhausen
12.01.1945	1430	12.01.1945	Buchenwald
k. A.	500	01.02.1945	Bergen-Belsen
04.02.1945	500	04.02.1945	Bergen-Belsen
14.02.1945	500	15.02.1945	Bergen-Belsen
25.02.1945	500	27.02.1945	Bergen-Belsen
20.03.1945	1000	21.03.1945	Bergen-Belsen
k. A.	884	23.03.1945	Bergen-Belsen

Laut dieser Liste verließen insgesamt 5.914 arbeitsunfähige Häftlinge das Außenkommando „S III". Es ist davon auszugehen, dass die Mehrzahl dieser geschundenen Menschen in den genannten Konzentrationslagern verstorben ist.

Im Außenkommando „S III" gab es auf Grund der unsäglichen Arbeits- und Lebensbedingungen auch regelmäßig Todesfälle unter den Häftlingen. Die grauenhaften hygienischen Verhältnisse trugen ihr Übriges zu den stetig steigenden Todeszahlen bei. So brach in einem der Teillager eine Fleckfieber-Epidemie aus, die sich nur unter größten Anstrengungen eindämmen ließ und eine unbekannte Anzahl an Todesopfern forderte. Die von der unmenschlichen Arbeit und der unzureichenden Ernährung ausgemergelten Körper der Häftlinge konnten solchen Krankheiten nichts entgegensetzen. In einem 2007 veröffentlichten Todesbuch der Stiftung der Gedenkstätte Buchenwald wurde für das Außenkommando „S III" eine Zahl von 2.795 Häftlingen benannt. Die Dunkelziffer dürfte weitaus höher sein.

Verbrennungsöfen im Konzentrationslager Buchenwald

In den ersten Monaten fuhren regelmäßig Leichentransporte vom Außenkommando „S III" in das nahegelegene Konzentrationslager Buchenwald, wo die Toten im Krematorium verbrannt wurden.
Der bekannte Buchenwald-Häftling und Autor Eugen Kogon beschrieb einmal solch einen Leichentransport vom Außenkommando „S III" mit folgenden Worten:

Die Leichen waren über alle Maßen verdreckt, verlaust und verkommen. Ihr Durchschnittsgewicht betrug selten über 40 kg. Sie waren in Klumpen zusammengeballt und kaum zu trennen. Die Sektionen ergaben fast ausnahmslos derartige Grade von Auszehrung, dass jeder Schnupfen hätte genügen müssen, um die Leute umzuwerfen.[18]

Um der Bürokratie Genüge zu tun, diagnostizierten die Lagerärzte im Außenkommando „S III" bei den verstorbenen Häftlingen die verschiedensten Todesursachen, die von Herzversagen, Herzschwäche, Kollaps, Lungenentzündung über Sepsis, Ruhr, Magen-Darm-Katarrh bis hin zu allgemeiner Schwäche reichten. Es ist jedoch traurige Gewissheit, dass die Mehrzahl der Häftlinge an den unbeschreiblichen Arbeits- und Lebensbedingungen umkam.
Ab Januar 1945 wurden der SS die Kosten für die Leichentransporte nach Buchenwald wohl zu hoch. Stattdessen wurden die Toten im Nordlager in einem Schuppen gesammelt und einmal in der Woche auf einem Eisenrost gemeinsam verbrannt. Als der Boden im Frühjahr nicht mehr gefroren war, wurden die Leichen zum Teil auch in Gruben nahe dem Lager verscharrt. Aus erhalten gebliebenen Dokumenten ist bekannt, dass auch im Lager „C" und im Zeltlager Espenfeld tote Häftlinge verbrannt wurden.
Das Außenkommando „S III" mit seinen einzelnen Lagern war die Hölle für die Häftlinge. Um das gesamte Ausmaß des Schreckens verständlich machen zu können, sollen im Folgenden verschiedene Häftlinge zu Wort kommen, welche das unerträgliche Leiden in den einzelnen Teillagern überlebten.

Der polnische Häftling Leon Kolenda gehörte zur ersten Gruppe von Gefangenen, die im November 1944 in das Außenkommando „S III" kamen, um zunächst das eigentliche Lager aufzubauen. Seine Aussage ist von besonderer Bedeutung, da er zeitweilig als Krankenpfleger im Nordlager eingesetzt war und so die Leiden seiner Mithäftlinge besonders authentisch miterlebte. Mit folgenden Worten schilderte er später seine schrecklichen Erlebnisse im Außenkommando „S III“:

Ich wurde am 6.11.1944 mit der ersten Gruppe, etwa 300 Häftlinge, in das Kommando Ohrdruf geschickt. Dort erhielt ich die Nummer 103921. Mit Lastwagen wurden wir durch Weimar, Erfurt, Gotha und Ohrdruf gefahren. Hier begann für mich, für hunderte und später für tausende Häftlinge, der schwerste und tragischste Abschnitt meines Lebens. In den naheliegenden Bergen wurde mit dem Bau des Rüstungsbetriebes begonnen. Wir wurden in Ohrdruf auf einen Truppenübungsplatz, auf dem sich außer ein paar Baracken nichts befand, gebracht. Dort mussten wir den Stacheldrahtzaun ziehen, Baracken und Straßen bauen. Nach einigen Wochen war das Lager fertig. Danach wurden die nächsten Transporte aus Buchenwald nach Ohrdruf gebracht, vor allem Polen, Russen, ungarische Juden und Franzosen. […]
In der Endphase des Aufbaus des Lagers Ohrdruf befanden sich einige tausend Häftlinge dort. In dieser Zeit wurde mit dem Bau der Eisenbahnlinie und den Arbeiten des Tunnelbaus in den Bergen begonnen. Ähnliche Arbeiten wurden auch in dem nahegelegenen Ort Crawinkel durchgeführt. In den Tunnels sollten die Maschinen für die Produktion der ‚Wunderwaffe V1 und V2‘ aufgestellt werden. Alles geschah unter großer Geheimhaltung und das AK (Außenkommando) Ohrdruf trug den Decknamen “S III”. Von dort sollte keiner lebend zurückkehren. […]

In Ohrdruf wurde täglich mehr als 12 Stunden gearbeitet. Zum Ausgraben des Tunnels dienten zunächst primitivste Werkzeuge, z. B. Spaten und Pickel. Es war eine mörderische und gefährliche Arbeit. Die Bewachung wurde von SS-Leuten, die mit Pistolen, Stöcken und Hunden ausgerüstet waren, vorgenommen. Es befanden sich auch einige Zivilarbeiter unter ihnen. Mit Schreien und Schlägen wurden die ausgemergelten Häftlinge zur Arbeit angetrieben und wenn das nicht half, holte die SS die Pistolen und schoss erbarmungslos auf sie. Die tägliche Essensration bestand aus einem Stück Brot mit Margarine, einer Suppe aus Wasser und Rüben. Glücklich war der, der in seiner Suppe ein Stück Kartoffel fand. Insgesamt waren es 800–1.000 Kalorien, und das bei der schweren mörderischen Arbeit. Der Tod folgte meistens in 2–3 Monaten. Nur wenige hielten länger aus. Die Folge der allgemeinen Erschöpfung und Unterernährung waren: Durchfall, Tbc, Zellgewebeentzündungen, Bauch- und Flecktyphus. Die Sterblichkeit wuchs. Nach meiner Meinung ab November 1944 bis März 1945, das ist die Zeit bis zur Evakuierung nach Buchenwald, sind aus Hunger und Erschöpfung, oder aus Mord, 5.000-7.000 Häftlinge umgekommen.

Die, die nicht mehr arbeitsfähig waren, wurden in das inzwischen errichtete Krankenlager geschickt. Dort wurden Selektionen durchgeführt. Die arbeitsunfähigen Häftlinge wurden in einem Pferdestall, der sich auf dem Gelände des AK Ohrdrufs befand, gebracht, dort warteten sie auf den Tod, im Krematorium verbrannt oder im nahegelegenen Wald in Massengräbern verscharrt.

Im Pferdestall mussten die armen Häftlinge ohne Essen und jede Hilfe verbleiben, sie lagen auf Stroh oder sogar auf dem nackten Boden und warteten auf den Tod. Ich war an einem Tag abends im Winter 1945 in diesem Pferdestall gewesen. Unter Lebensgefahr versuchte ich mit dem Kameraden M. W., den kranken katholischen Pfarrer J. B., der an Zellgewebeentzündung litt, herauszuholen. Bei unserem Anblick gingen Hunderte von Händen unter Schreien und Weinen in die Höhe. Es war die authentische Hölle auf Erden. Die Beschreibung dieser erschütternden Szenen möchte ich mir ersparen. Nach 2–3 Wochen erkrankte ich selbst an Scharlach. Ich hatte auch die Schuppenflechte und später bekam ich auch noch Flecktyphus. Von tausend flecktyphuserkrankten Häftlingen überlebte oft nur einer. Ich verdanke mein Leben vor allem meinem physischen und psychischen Widerstand, der durch so viele Jahre des Leidens gehärtet war, aber auch dem tiefen Glauben an das Überleben, auch das Beten meiner alten Mutter, die sehr gläubig war. Ich verdanke aber auch mein Leben dem französischen Arzt Jacques Gaby, der mit mir befreundet war und mein Kriegsschicksal teilte. Er hatte mich in seine Obhut genommen und soweit es die Lage erlaubte, mir geholfen. Ich möchte noch betonen, dass die Lagerbehörden große Racheakte unternahmen gegen Häftlinge, die zu fliehen versuchten. Todesstrafe stand auf Sabotage. Auch für kleinere Diebstahle, z. B. aus Hunger einige Kartoffeln oder Rüben, wurde mit Baumhängen oder Prügelstrafe bestraft, an den Folgen starben die Häftlinge oft. Ich habe mit eigenen Augen das selbst erlebt.

Ich kann mich gut erinnern an einen kalten Abend, aber ich bin nicht sicher, ob das der Heilige Abend des Jahres 1944 war. An diesem Abend hatten die SS-Leute auf dem Appellplatz zwei große Tannenbäume aufgestellt. Wir nahmen an, dass das mit den Weihnachtstraditionen zusammenhängt, und waren sehr gerührt, so dass manchen die Tränen in den Augen standen. Wir dachten an Polen, wo Weihnachten in jedem Haus die Kerzen an den Tannenbäumen angezündet werden. Es wurde jedoch unerwartet für das ganze Lager ein Appell angeordnet. Nach kurzer Zeit wurden drei misshandelte Häftlinge gebracht. Sie wurden wegen angeblichem Fluchtversuch erhängt, und das ganze Lager musste diesem grausamen Vorgang zusehen. Der Appell dauerte trotz eisiger Kälte und unserer dünnen Kleidung ein paar Stunden. Nach dem Appell sind auf dem Platz einige Häftlinge liegen geblieben. Ähnlich war es auch nach den täglichen Frühappellen, nachdem die einzelnen Arbeitskolonnen zur Arbeit gingen, blieben immer einige in Agonie verfallene Häftlinge zurück, die von der SS mit Stöcken totgeschlagen wurden. Die Familien erhielten dann die gefälschten Todesurkunden, in denen als Todesursache Herzinfarkt, Lungenentzündung usw. angegeben war.

Etwa in den ersten Tagen des Monats Februar 1945 in meiner Rekonvaleszenzzeit bin ich von meiner Pritsche aufgestanden und ging an das Fenster und sah schreckliche Dinge. Auf dem Appellplatz lagen im Schnee einige Häftlinge, manche von ihnen wurden mit Stöcken von der SS geschlagen. Ich konnte auch sehen, wie ein Häftling, der gegenüber von meinem Block lag, nicht mehr die Kraft hatte aufzustehen. Er hatte versucht, durch Kriechen auf dem Bauch den nahegelegenen Block zu erreichen. Das bemerkte jedoch ein SS-Mann, ging auf ihn zu und begann ihn mit dem Stock zu schlagen, mit den Füßen zu treten, danach legte er den Häftling mit dem Gesicht nach oben, schlug weiter. Dann legte er einen Stock an den Hals, trat auf diesen Stock und dadurch erstickte er ihn.[19]

Wiktor Wyscheslawskij aus der Ukraine gehörte ebenfalls zu den ersten Häftlingstransporten, die im November 1944 im Außenkommando „S III" eintrafen. In seiner Rede am 7. November 2004, die er anlässlich einer Gedenkveranstaltung in Espenfeld hielt, erinnerte er an seine Erlebnisse. Hier ein Auszug dieser Rede:

Im November 1944 wurde ich von Buchenwald nach Ohrdruf zum Kommando S III transportiert. So hieß das Buchenwalder Außenkommando, in dem in fünf Monaten 3500 Menschen ums Leben gebracht worden waren. In dieser Zeit mussten Häftlinge in einem Berg ein großes unterirdisches Werk errichten. Die Lebensbedingungen waren unmenschlich. Innerhalb von 5 Monaten konnten wir uns im Lager nicht waschen. Es gab kein Bad. Es wimmelte von Läusen, der Typhus wütete. Kranke wurden in separate Blocks gebracht, in denen sie lediglich nackt auf dem Stroh lagen und einen qualvollen Tod starben. Die Arbeiten wurden im Zeitraum von November bis April unter schwersten klimatischen Bedingungen in Thüringen vorangetrieben.

Hungrige Menschen mussten spärlich bekleidet und barfuß unter Stock- und Kolbenschlägen der SS-Leute den steinigen Boden hacken. Wir mussten den ganzen Tag bis spät in den Abend pausenlos arbeiten. Vom Lager bis zur Arbeitsstelle war es ziemlich weit. Zur Arbeitsstelle mussten wir mit der Kleinbahn fahren, welche wir gebaut hatten. Die Häftlinge fuhren in kleinen eisernen Loren. In jeder Lore mussten 24 Mann sitzen und die Leute lagen einer auf dem anderen. Beim Fahren wurden manchmal 3–4 Loren umgeschlagen und dabei brachen sich viele Häftlinge die Beine und Arme – manche waren sofort tot.

Viele Häftlinge wollten diesem furchtbaren Ort fliehen. Aber alle wurden wieder gefangen und danach erhängt. An einem Abend nach einem Appell mussten wir bei der Verhängung einer Todesstrafe anwesend sein. Alle Kameraden starben standhaft. Alle verfluchten den Faschismus vor dem Tod. Unweit des Nordlagers, kaum vier Kilometer nördlich von Ohrdruf, war eine Grube ausgehoben worden, in der 35 Leichen verscharrt wurden: Deutsche, Russische, Polnische, Französische, Jüdische, Ungarische und Häftlinge weiterer Nationen. Zuvor aber „bearbeitete" die SS die Leichen. Wenn es im Mund eines Toten goldene Zähne gab, zog man sie mit einer Zange. Und wenn der Kiefer eingefroren war, dann zerschlug man ihn einfach mit einem Beil.
Mit dem Herkommen der amerikanischen Truppen in Ohrdruf haben die SS-Henker die Leichen der Häftlinge ausgegraben, um sie auf Scheiterhaufen zu verbrennen. Doch konnten sie die Spuren der Gräueltaten nicht verstecken. Berge von ausgegrabenen Leichen blieben an der Oberfläche liegen.

Es begann die Evakuierung des Lagers. Unterernährte, erschöpfte Menschen wurden nach Buchenwald gejagt, die Zurückgebliebenen erschossen. Das war ein Todesmarsch. Nur ein unbedeutender Teil von uns erreichte Buchenwald. Die letzten Kilometer ging ich mit zwei Stöcken, weil ich ganz krank war und auf dem rechten Bein ein großes Geschwür hatte. Wir erreichten Buchenwald und die deutschen Kameraden hatten mich gerettet. Wie ich überlebt hatte, weiß ich selbst nicht zu sagen.[20]

Der österreichische Schriftsteller Fred Wanderer, der aus dem Konzentrationslager Buchenwald in das Lager „S III" kam und diese Hölle überlebte, schildert in eindringlichen Worten die dortigen Zustände:

Im Lager Buchenwald hatten die Worte Crawinkel und Ohrdruf einen unheimlichen Klang. Keiner von uns wußte etwas Genaues über dieses Außenlager. Niemand war von dort zurückgekehrt. Als ich im Januar 1945 in einen der vielen Transporte geriet, von Buchenwald fort, hörte ich wieder flüstern: ‚Crawinkel!' Schon der Marsch vom Bahnhof durch die Wälder gab uns einen Vorgeschmack dessen, was uns erwartete. Aus irgendeinem Grund kam kein gleichmäßiger Marschrhythmus zustande. Mit Gebrüll und Kolbenhieben jagte uns die SS voran. Stießen wir auf die vor uns marschierende Kolonne, hieß es Halt, dann wieder rennen und wieder stehen und wieder rennen unter dem gellenden Geschrei. Die ersten Erschlagenen am Wegrand und blutige Köpfe, so fing es an. Wie sollte es enden? Das Lager Crawinkel hielt sich in einem düsteren Wald versteckt und bestand zu unserer Überraschung aus vielen weithin verstreuten Erdbunkern. Die Arbeit war mörderisch, im wahrsten Sinne des Wortes. Und die Stimmung im Lager...

Schon beim Einmarsch sahen wir außerhalb des Stacheldrahts die offenen Leichenhaufen brennen. Sie brannten Tag und Nacht. Das Leichenträgerkommando kam nicht nach, die Toten aus den Bunkern, von den Bettstellen herunter, vom Appellplatz weg und wo immer sie lagen zu holen. Im Karren wurden sie nackt an den Stacheldraht gefahren und dort durch eine Lücke geworfen.

Vom Lagerweg führte eine Schmalspurbahn in Richtung Arnstadt. In den Felsen längs des Jonastals zwischen Crawinkel und Arnstadt wurden Stollen vor-

getrieben. Steine nach den Sprengungen zu zerkleinern, auf Loren zu verladen und ans Tageslicht zu fahren, war eine Art zu sterben. Kameraden brachen am Bahnhof von Crawinkel unter Zementsäcken zusammen oder beim Schleppen von Betonröhren und Sand die Hügel hinauf. Amerikanische Aufklärer flogen in geringer Höhe über uns hinweg. Die Stiefelträger waren dann verschwunden.

Von einer deutschen Luftabwehr war nichts mehr zu merken, dafür dröhnte die Front der Alliierten Tag und Nacht. Die Arbeit im Lager war längst sinnlos geworden. Warum trieben sie uns weiter an? So blind konnten sie doch nicht sein, daß sie das nahe Ende nicht sahen. Belogen sie sich selbst, indem sie den Kanonendonner der Alliierten mit ihrem Wüten übertönen wollten?

Die Erfindungsgabe der Nazis darin, uns körperlich und seelisch zu foltern, das Menschentum in uns zu erniedrigen und abzutöten, kannte keine Grenzen. Um drei Uhr früh wurde geweckt. Tausende Häftlinge zur Arbeit einzuteilen auf einem weitverzweigten Gebiet, in vielen kleinen Gruppen, sie auf Lastwagen wegzufahren, auf der Schmalspurbahn, oder sie in Kolonnen durch den Wald zu treiben, das alles brauchte Zeit …

In dichten Reihen standen die Häftlinge bereit, naß und durchfroren, dem Hungertod nahe und von Läusen gequält. Viele waren krank und von Fieber geschüttelt, sie hatten Wunden, die entsetzlich stanken, manchen hingen Fleisch- und Hautfetzen vom Gesicht herab. Es gab eine Krankheit, die den Körper rosig anschwellen ließ, bis sich die Epidermis in Eiter auflöste und platzte. Aber in Ruhe liegenbleiben und sterben, das durfte man nicht. ‚Aufstehen, du fettes Judenschwein' schrie der SS-Mann, wenn ein Kranker hinfiel. ‚Zupacken, ihr Drecksäcke, hier ist kein Erholungsheim.' Wer nicht arbeiten konnte, war verloren … Einer der Gehilfen des Lagerführers hatte die Gewohnheit, die Reihen der Häftlinge kurz vor dem Zählen abzugehen und jedem einen Stoß zu versetzen. Wer stehenblieb, war noch brauchbar, wer von dem Stoß umfiel, war so gut wie tot. Er machte das mit so viel Ruhe, Sorgfalt und Sachlichkeit, als handle es sich darum, hölzerne Geräte auf ihre Verwendung zu prüfen. Und dazu Musik. Wenn eine Gruppe Arbeitssklaven gezählt war und zum Tor hinausmarschierte, erklang ein fröhlicher Marsch oder eine Operettenmelodie. Nichts in der Welt kann so teuflisch klingen …[21]

Der polnische Häftling Jicchak Coldman tätigte über seinen mehrmonatigen Aufenthalt im Außenkommando „S III“, Lager „C“, folgende Aussage:

Auf der Jahreswende 1944/45 wurde ich mit einer Gruppe von etwa 400-500 Männerhäftlingen von Buchenwald nach Ohrdruf überstellt. In Ohrdruf verblieb ich bis etwa Mitte März 1945, dann mussten wir vor den herannahenden Amerikanern zurueck nach Buchenwald und nach etwa 2 Wochen weiter nach Flossenbürg. Befreit wurde ich am Evakuierungsmarsch von Flossenbürg aus. Vor Ohrdruf passierte ich die ZAL-Nowi Targ, dann folgten Plaszow, Gross, Rosen, Buchenwald.

Als ich nach Ohrdruf hereingebracht worden bin, waren auf der Stelle schon Häftlinge, doch nicht viele. Nach meiner Ankunft wurde das Lager, das eigentlich ein Arbeitskommando des KZ-Buchenwald gewesen war, ausgebaut. Ich war als Tischlerfachmann im Lagerkommando eingesetzt.

In Ohrdruf waren vor unserer Ankunft Munitionslager, die in einem Waldgelände in den Erdboden – getarnt - gebraucht waren. Das ausschließlich Männerlager erreichte meine Schätzung nach einige Tausend Lagerinsassen. Nach meiner Ankunft kamen wöchentlich Zusatztransporte, doch ich glaube kaum, dass dies zur Vergrösserung des Lagerstandes bestimmt gewesen ist, denn Leichen der – immer in der Zwischenzeit verstorbenen Häftlinge – wurden ins KZ Buchenwald befördert. Die Lagerinsassen, insofern sie nicht im Innendienst eingesetzt waren, arbeiteten im Kommando DORA. Dies war ein Steinbruch, der enorme Zahlen an Häftlingen verschluckte. Täglich kehrten Arbeitskommandos bis auf die Hälfte des Bestandes vom Morgen selben Tages vermindert zurueck. Ausser getöteten, durch Misshandlungen und gewollte Unfälle, wurden auch verstümmelte Leidensgefährten auf – aus Ästen gezimmerten – Bahren ins Lager gebracht. Ohne Arm, ohne Bein. Ich will hier betonen, dass in Ohrdruf kein Judenlager gewesen ist, unser Bestand war von mehreren Nationalitäten zusammengewuerfelt, darunter auch Ukrainer.

Eines Morgens – im Januar 1945 – kam ein Häftling, der am Revier gearbeitet hat - in die Tischlerei und verlangte ein Säge. Nach einigen Stunden brachte er die Säge mit Blutspuren zurueck. Befragt erklärte der Leidensge-

nosse, es wurde mit der Säge einem Gefärten der Fuss amputiert. Nähere Einzelheiten über diesen Vorfall kenne ich nicht mehr.

Im Lager wurden auch Exekutionen vollfuert. Grössere Zahl der Lagerinsassen, die die Flucht versuchten, wurde in mehreren Fällen – bei Anwesenheit aller Häftlinge und bei Musikklängen – bei Abendappellen aufgehängt. Ich bin nicht in der Lage Namen der Opfer – auch nicht der Täter – anzufuehren. Auf Befragen ich nicht fähig, Namen und Einzelheiten über Angehörige der Lagerleitung und Wache aufzufuehren. Die Zahl der Opfer weiss ich nicht zu nennen, denn die Hängungen kamen fast wöchentlich vor. Nur im ersten Falle, als 3 Leidensgefährten aufgehängt worden sind, wurde auch ein Galgen aufgerichtet, die weiteren wurden einfach auf Bäume – nach vorgehenden Torturen – geknüpft.[22]

Seine Aussage machte Jicchak Coldmann am 11. September 1968 gegenüber dem Internationalen Suchdienst, einer Organisation zur Erforschung und Dokumentation der nationalsozialistischen Verfolgung. Herr Coldmann machte seine Aussage in hebräischer Sprache, verstand nach eigenen Angaben aber die deutsche Sprache. Die übersetzte Vernehmungsniederschrift wurde Coldmann vorgelesen, von diesem bestätigt und unterschrieben. Bei der wörtlichen Übersetzung ins Deutsche entstand wohl der etwas holprig klingende Wortlaut. Auch die fehlerhafte Bezeichnung „Kommando DORA" für die Baustelle im Jonastal entstand wohl durch die Übersetzung. Der Begriff „DORA" ist nur im Zusammenhang mit dem Außenlager „Dora" des Konzentrationslagers Buchenwald bekannt. Dabei handelt es sich um das zur unterirdischen Raketenproduktion im Kohnstein bei Nordhausen gehörige Häftlingslager. Das Lager ist heute als Konzentrationslager Mittelbau-Dora bekannt.
Im Folgenden soll Benjamin Gelhorn aus Łódź zu Wort kommen, der am 25. Januar 1945 mit einem Transport aus dem Außenkommando Echterdingen des Konzentrationslagers Natzweiler-Struthof im Außenkommando „S III", Lager „C" ankam:

Das Lager dort lag im Wald und ich wurde mit vielen anderen in einer Reihe von Erdbunkern untergebracht. Sie sahen aus wie riesige Kartoffelmieten

(Erdhaufen), hatten aber eine Vorderseite aus Beton, auf welcher die Nummer aufgeschrieben war: In meinem Fall war dies die Nr. 42. In der hinteren Hälfte war Munition gestapelt, gesichert durch ein Gitter. Wir lagen im Raum davor eng beieinander. Angesichts der Bombardierungen war dies das reinste ‚Himmelfahrtskommando'. […] Eine Umzäunung oder brennende Leichenberge habe ich nicht in Erinnerung, auch keine Baracken. Auch von einer Musikkapelle dort ist mir nichts bekannt. […] In der Nähe waren Gleise einer Schmalspurbahn, zerstört durch Luftangriffe. Die Loren, die von Hand geschoben werden sollten, waren aus den Gleisen gerissen worden und im Gelände zerstreut. Unsere Aufgabe war es, die Gleise zu reparieren und alles wieder in Ordnung zu bringen. Wie lange wir für die Gleisreparatur gebraucht haben, kann ich nicht mehr sagen.

Es waren wohl nur einige Tage. Danach waren wir wieder für einige Tage am Bahnhof Crawinkel zum Abladen eingeteilt, bis es zu meinem ‚Unfall' kam. Wir mussten dort aus Eisenbahnwaggons Zementsäcke ausladen. Jeder Sack wog damals 50 Kilogramm. ‚Zum Spaß' hat mir ein SS-Mann zum ersten Sack, den ich schon auf den Schultern hatte, noch einen zweiten draufgehauen. Ich bin unter der Last zusammengebrochen und mein linker Oberschenkel ist gesplittert Ich wurde ohnmächtig und bin erst wieder in einem Zelt mit gebrochenem Bein auf dem Boden liegend aufgewacht. Mein Bruch wurde nicht medizinisch behandelt. So kann ich nicht sagen, wie weit es vom Bahnhof bis zum Zelt war, ob es dort auch noch andere Zelte oder sonstige Gebäude gab. Jedenfalls war es nicht der Wald mit den Erdbunkern, wo ich zuvor untergebracht war. Mit mir im Zelt lagen noch mehr Leute, krank, erschöpft oder verwundet, jedenfalls nicht mehr gehfähig. Wir wurden mit einer Suppe am Tag am Leben gehalten. Den Aufenthalt in diesem Zelt schätze ich auf einen Monat. Ich war sehr schwach und oft ohne Bewusstsein, so dass mir nicht mehr viel dazu einfällt. Kameraden haben mich versorgt und das Bein ist dann von alleine falsch zusammengewachsen und war einige Zentimeter kürzer. So blieb mir für mein ganzes Leben eine starke Gehbehinderung.

Nach einigen Wochen wurde ich mit anderen, nicht gehfähigen Leidensgenossen auf einen Lkw geladen. Wir wurden wie Kartoffelsäcke auf die Ladefläche geworfen. Ich betete zu Gott und war der Überzeugung, dass dies meine letzte Fahrt sei. In Buchenwald wurden wir im Krankenlager, einem extra abgezäunten Bereich innerhalb des Hauptlagers, ausgeladen. Dort wa-

ren normale KZ-Baracken mit dreistöckigen Liegeflächen. Man hatte einfach die Ladefläche hochgekurbelt und wir fielen wie Kohlen übereinander auf die Erde. Allerdings wurden wir nicht, wie erwartet, umgebracht und ins Krematorium gebracht, sondern sogar von einem tschechischen, jüdischen Häftlingsarzt behandelt und in einem Außenlager sogar geröntgt. Ich wurde wohl mit einem Fahrzeug dorthin gebracht, weil ich mich nur mit großen Schmerzen bewegen konnte. Dort versuchte man, mein Bein von Hand zu brechen, drei Männer haben es versucht, aber es war schon zu fest zusammengewachsen. Der Arzt meinte dann aber, dass es für mich zu gefährlich sei, wenn ich mich dann gar nicht mehr bewegen könne, weil die Amerikaner bereits im Anmarsch seien und in wenigen Tagen das Lager erobern würden. So hat man nur einen dicken Gips drum gemacht. Der tschechische Arzt gab mir dann eine Krücke und ein anderer Gefangener musste in der unteren Bux Platz machen, so dass ich notfalls fliehen konnte. Es waren dann nur noch wenige Tage – ich entsinne mich, dass mein Bein unter dem Gips anfing fürchterlich zu jucken – bis zur Befreiung durch die Amerikaner. Der Arzt, der mir dort geholfen hatte, hat sich sehr bemüht, möglichst viele bis zum Eintreffen der Amerikaner am Leben zu halten.

Nach der Befreiung kam eine amerikanische Ärztin zu uns in die Baracke, sie war Jüdin und sagte uns, wir könnten in die Schweiz oder in die skandinavischen Länder gebracht werden. Aber ich wollte nicht weg und zuerst nach Lodz gehen, um nach meiner Familie zu suchen. Dass alle tot waren, wusste ich damals ja noch nicht. So kam ich nach Wildflecken, wurde dort einige Wochen aufgepäppelt und dann zu den Amerikanern nach Landsberg in Bayern. Von dort konnte ich dann einmal nach Lodz fahren, aber unser Haus war leer, die Fenster zugenagelt, meine Eltern und alle Geschwister ermordet und ich fand niemanden mehr, den ich oder der mich gekannt hätte.[23]

Seinen Aussagen zufolge gehörte Benjamin Gelhorn zu einem bereits erwähntem „Invalidentransport“, der arbeitsunfähige Häftlinge vom Außenkommando „S III“ in das Konzentrationslager Buchenwald brachte. Da er anscheinend nicht lebensgefährlich krank bzw. verletzt war, wurde ihm sogar eine vergleichsweise gute medizinische Behandlung zuteil. Wenn diese wohl auch nur dazu diente, ihn wieder arbeitsfähig zu machen, ist anzumerken, dass so eine medizinische Betreuung vorhanden war.

Es waren jedoch nicht nur Häftlinge, die von ihrem unerträglichen Alltag im Außenkommando „S III“ berichteten. Auch Zivilangestellte des Sonderbauvorhabens „S III“ tätigten Aussagen über die unmenschliche Behandlung der Häftlinge durch die SS. Die Köchin Toni Böttner aus Crawinkel, die ab Januar 1945 für den Baustab kochen musste, machte folgende Aussage:

Dann gab es da einen SS-Leutnant. Er hieß Gülich, stammte aus Kassel und war ein Sadist. Nach dem Zusammenbruch soll er sich das Leben genommen haben, wohl aus Angst, sich für seine Verbrechen verantworten zu müssen. Ich sah einmal durch Zufall, weil ich in der Nähe zu tun hatte, wie er mit einem dicken Schlauchstück auf das entblößte Gesäß von Häftlingen einschlug. Als ich mich laut darüber empörte, faßte man mich und brachte mich in meine Küche zurück. Das geschah auf dem Panzerweg, der von den Bunkern zum Jonastal führte.

Eines Tages entdeckte ich im Keller des Baustabsgebäudes, in dem sich, wie ich schon sagte, die Küche befand, drei Häftlinge und einen SS-Posten. Die Häftlinge waren körperlich völlig runter und apathisch, menschliche Wracks waren das. Man hatte sie unmittelbar an die Heizung gelegt. Ich glaube, die sollten da verrecken, wie es in der Sprache der SS-Leute hieß. Anderntags brachte ich von mir zu Hause Ziegenmilch und Brötchen mit, die ich den Häftlingen heimlich zusteckte, damit sie wieder auf die Beine kamen. Ein paar Tage darauf brachte ich ihnen ordentliches Essen in Schüsseln, wie es die Leute vom Baustab erhielten, und Löffel. Nun aßen die Häftlinge aus den gleichen Schüsseln wie der SS-Posten. Aber der Kerl verpetzte mich deswegen bei seinen Vorgesetzten. Der Bestrafung entging ich wohl nur, weil man keine andere Köchin hatte. Doch wurde mir angedroht, daß ich verhaftet würde, falls ich weiterhin Häftlinge begünstigte.

Nun half ich den Häftlingen erst recht, allerdings vorsichtiger. Das war schon in den letzten Wochen vor Kriegsende im Februar oder März 1945. Die drei Häftlinge im Keller waren Juden. Sie mußten jetzt Gartenarbeiten im Gebäudebereich verrichten. Einer von ihnen hieß Josef Gelbhardt. Als wir gegen Ende März den immer näher kommenden Kanonendonner hörten, sagte mir Gelbhardt: ‚Jetzt ist der Krieg bald aus.‘ Dann hieß es, die Häftlinge würden evakuiert. Vor dem Abtransport steckte ich Gelbhardt ein großes Stück

Fleisch und ein Brot in den Futtersack. Dann trieb man die Häftlinge zusammen und durch die Hintergasse ins Jonastal fort.[24]

Die Köchin Toni Böttner gab auch eine Unterhaltung mit dem Vermessungsingenieur Erich Rüdiger wieder, welche die Zustände auf der Baustelle im Jonastal beschrieb:

Rüdiger aß gern Hackepeter. Wenn ich Schabefleisch zur Verfügung hatte, bereitete ich ihm immer eine Portion. Eines Tages wies er den Hackepeter und überhaupt jedes Essen zurück. Ich konnte mir sein Verhalten nicht erklären und wollte wissen, was los sei, warum er nicht esse. Erst als wir allein waren, erzählte er mir: ‚Ein heutiges Erlebnis hat mir jeden Appetit genommen. Zu Vermessungsarbeiten befand ich mich auf einem der Felskämme über dem Jonastal, wo die Stollen für das Führerhauptquartier in den Felsen getrieben werden und die neue Straße dafür gebaut wird. Hier sah ich die Häftlinge bei der Arbeit. Einer von ihnen brach plötzlich, wahrscheinlich vor Erschöpfung, zusammen. Ein Kapo mit Gummiknüppel und einem großen Hund kam und schlug auf den Mann ein, richtete ihn auf und wollte ihn zum Weitermachen antreiben. Aber der Häftling brach immer wieder zusammen. Da hetzte der Kapo den Hund auf den Gequälten. Der Hund riß dem Menschen mit den Lumpen seiner Kleidung Fleischfetzen aus dem Körper. Der Kapo befahl sogleich anderen Häftlingen, ein Loch am Weg auszuheben. Dann warf man den Körper des toten Häftlings in das Loch, kratzte es zu und führte die Straßenwalze darüber.‘[25]

Auch der Elektromonteur Edmund Möller aus Gehren-Jesuborn erlebte hautnah, welchen Strapazen und Qualen die Häftlinge des Lagers „S III“ ausgesetzt waren:

1944 erhielt ich den Auftrag, im Jonastal zu arbeiten. Der SS-Führungsstab hatte darauf gedrungen, daß die hier begonnenen Arbeiten schneller vorangetrieben würden. Ich bin auf der Baustelle II angekommen, die am weitesten fortgeschritten war. Unsere Baracke stand oben auf dem Kamm der Felsen. Wir bekamen Decken und andere Gegenstände – es ließ sich hier schon leben. Im Tal führten Gleise entlang. Die Häftlinge, etwa zehntausend, mußten

Tag und Nacht arbeiten. Achtzehn bis zwanzig Mann wurden jeweils in eine Lore geladen. Dabei kam es häufig vor, daß die Loren umkippten. Abends kam dann ein Traktor mit einem grünen Anhänger, auf den die eingesammelten Leichen geworfen wurden. […][26]

Georg Berner aus Arnstadt musste mit Schrecken mit ansehen, wie die Häftlinge des Außenkommandos „S III" behandelt wurden:

Kurz vor Beendigung des Zweiten Weltkrieges hatte ich ein Erlebnis, das mich mit großer Abscheu gegen die Machthaber des Dritten Reiches erfüllte. In den letzten Tagen vor dem Einmarsch der Amerikaner in Arnstadt war ich mit einigen anderen Einwohnern nach dem Wäldchen bei Bittstädt unterwegs, um Holz zu sammeln. Als wir das Jonastal entlang fuhren, bemerkten wir in der Nähe der damaligen Baustelle einen Trupp Arbeiter, die entlang der Straße Gräben zogen. Beim Näherkommen bemerkten wir, dass es sich um von SS-Männern bewachte Häftlinge handelte.
Ganz abgesehen davon, dass wir bei unseren Zurufen zu den Männern von den Wachleuten sehr hart angefahren wurden, hat mich tief berührt, in welcher hässlichen Art die Häftlinge behandelt wurden. Fortgesetzt liefen die Wachleute die Arbeitsstrecke ab, um bei der geringsten Kleinigkeit brutal auf die Häftlinge loszuschlagen. Außer dem Gewehr waren die Wachleute auch mit starken Knüppeln bewaffnet.
Machte einer eine kurze Atempause, schnäuzte sich oder sprach ein Wort mit seinem Nebenmann, so war die Hölle los. Die SS-Männer schlugen drauf los, ganz gleich, wohin die Schläge trafen. Als wir nach einigen Stunden den Weg zurückfuhren, lag ein verprügelter Häftling am Straßenrand. Er blutete aus der Nase, offensichtlich verursacht durch die unmenschliche Behandlung. Ein vor ihm stehender Wachmann hatte nichts weiter übrig für den Mann als die Worte: ‚Steh auf, du Hund, wenn es nicht bald wird, schlag ich dich ganz und gar zum Krüppel!'[27]

Anfang April 1945 waren die Truppen der alliierten Streitkräfte bereits nahe an das Außenkommando „S III" herangerückt, so dass sich die zuständigen Befehlshaber genötigt sahen, das Lager zu evakuieren. Kranke und gehunfähige Häftlinge wurden vor der Evakuierung erschossen. Über den Beginn der Evakuierung gibt es verschiedene Ansichten, in der Mehrzahl wird jedoch vom 3. April 1945 gesprochen. Die Häftlinge wurden aus den verschiedenen Teillagern und zum Teil direkt von der Baustelle im Jonastal von der SS auf einen sogenannten Todesmarsch zum Konzentrationslager Buchenwald geschickt. Tausende ausgemergelte und zu Tode erschöpfte Häftlinge wurden mit Stockschlägen und Hunden durch die Straßen Thüringens getrieben. Wer nicht mehr weiterkonnte, wurde erschossen oder erschlagen. Der bereits mehrfach zitierte Autor Klaus-Peter Schambach konnte nach umfangreichen Recherchen nachweisen, dass auf dem Todesmarsch vom Außenkommando „S III" in das Konzentrationslager Buchenwald mindestens 315 Häftlinge zu Tode kamen. Diese Angaben stammen aus den Archiven der Ortschaften, welche der Todesmarsch durchquerte. Über die Anzahl der aus dem Außenkommando „S III" im Konzentrationslager Buchenwald angekommenen Häftlinge gibt es unterschiedliche Angaben, die Zahlen bewegen sich zwischen 9.000 und 10.000. Am Abend des 4. April 1945 betraten die ersten amerikanischen Soldaten das Nordlager auf dem TÜP Ohrdruf. Ihnen bot sich ein unvorstellbares Bild des Grauens. Überall lagen ausgemergelte Leichen, die auf Grund ihrer Marschunfähigkeit von der SS erschossen worden waren.

Die Befehlshaber der amerikanischen Truppen beschlossen angesichts der Zustände im Lager, die ortansässige Bevölkerung mit den Geschehnissen zu konfrontieren. Am 6. April 1945 wurden Mitarbeiter der Stadtverwaltung, der Bürgermeister und zufällig ausgewählte zivile Personen aus Ohrdruf mit LKW in das Lager auf dem Truppenübungsplatz gebracht. Dort wurden sie mit dem stattgefundenem Schrecken konfrontiert. Diese Konfrontation muss eine außerordentliche Wirkung gezeigt haben, denn nur wenig später nahmen sich der Bürgermeister und seine Frau das Leben. Ob aus Scham oder Angst vor der Verantwortung ist unbekannt.

Um die von den amerikanischen Truppen vorgefundenen Zustände im Außenkommando „S III" anschaulich darstellen zu können, sollen im Folgenden die Aussagen eines US-amerikanischen Kriegsberichterstatters, Meyer Levin, wiedergegeben werden.

Der amerikanische Journalist und Schriftsteller befand sich gemeinsam mit dem französischen Fotografen Éric Schwab im Gefolge der amerikanischen Truppen, welche Thüringen eroberten. Am 4. April 1945 erlebten die Männer in der Nähe von Gotha eine ungewöhnliche Begegnung. Dass sich diese zu einem wahren Schreckensszenario entwickelte, schilderte Meyer Levin mit folgenden Worten:

Wir fuhren durch Gotha, und als wir am Abend anhielten, begegneten wir einer Gruppe ausgemergelter Flüchtlinge, die auf der Straße herumirrten. Solche Menschen hatten wir noch nie gesehen. Sie waren nur noch Haut und Knochen, mit fiebrigen, tief in die Höhlen gesunkenen Augen und rasierten Schädeln. Einer kam zum Jeep und redete auf uns ein: ‚Polsky, Polsky'. In gebrochenem Deutsch versuchte er uns von einem Ort zu erzählen, an dem man ihn gefangen gehalten hatte; den mussten wir sehen. Er wies die Richtung. Nur ein kurzes Stück. Er würde uns führen. Deutsche weg. SS weg.

Allmählich verstanden wir, wovon er sprach. Menschen, die in einer tiefen Grube begraben werden. Todeskommando. ‚Los', sagte Eric. ‚Da ist ein Lager'. Wir bedeuteten ihm, in den Jeep zu steigen, und fuhren nach seinen Anweisungen in einen Feldweg. Aber nach ein paar hundert Metern spürten wir das seltsame Gefühl von Bedrohung, das man an der Front so schnell erkennt. Der Weg war mit Zweigen und Blättern von beschossenen Bäumen übersät, seitdem war niemand hier gewesen. Wir hielten an. Die Gefahr war zu groß, auf Minen oder einen deutschen Hinterhalt zu stoßen.

Wir fuhren in den Ort zurück, gaben dem Polen Zigaretten und Schokolade und sagten, er solle morgen wiederkommen. Am nächsten Morgen machten wir uns wieder auf den Weg. In der Nacht war eine weitere Division angekommen und hatte das 4. Panzerregiment verstärkt. Die Hauptstraße war jetzt frei bis Ohrdruf. Unser Pole führte uns zu einem Lager am Stadtrand. Wir fuhren durch das Tor und hielten an. Ein Kreis männlicher Leichen in den gestreiften Sklavenuniformen, die wir zum ersten Mal sahen, lag vor uns. Sie sahen aus wie Gerippe; jeder rasierte Schädel mit der fest über die Knochen gespannten Haut hatte ein Einschussloch. Der Pole öffnete die Tür eines Schuppens. Steife, nackte, menschliche Körper lagen aufgeschichtet wie Holzscheite; der Stapel war so hoch wie wir. Die Leichen waren flach und gelb wie Holzlatten, mit einem gelben Desinfektionsmittel bestreut. Wir hatten es gewusst. Die Welt hatte Gerüchte darüber gehört. Aber noch hatte es keiner von uns gesehen. Noch heute früh hatten wir uns diesen Anblick nicht vorstellen können. Und jetzt waren wir ins Zentrum, ins wimmelnde Innere des schwarzen, fürchterlichen Herzens vorgedrungen. […]

Wir gingen zu den Baracken. ‚Typhus, Typhus' wiederholte der Pole. Die Hütten waren leer bis auf einige schmutzige Strohreste auf dem Fußboden. Man hatte die Sklaven gestern auf Lastwagen weggebracht, nur die Leichen am Tor waren zurückgeblieben. Der Pole und seine wenigen Kameraden hatten es als einzige geschafft, sich zu verstecken und zu fliehen. […]

In einer anderen Baracke stießen wir unter dem Stroh auf ein Gespenst mit Augen wie glühende Kohlen, ein Belgier, fiebergeschüttelt, verhaftet wegen Widerstands. ‚Gehen Sie nicht weg, lassen Sie mich hier nicht allein.' Wir versicherten ihm, die Ärzte würden bald da sein. Der Pole sagte, es gäbe noch mehr zu sehen. Er sprach nur wenig deutsch, zeigte aber immer wieder auf einen Hügel jenseits des Lagers. Schließlich stiegen wir in den Jeep, und wieder führte er uns. Eine Straße gab es nicht. Er wusste anscheinend den Weg nicht genau, beharrte aber darauf, dass wir mitkommen mussten. Nur er konnte es uns zeigen. Todeskommando. Die anderen Arbeiter waren umgebracht worden. Oben auf dem Hügel war eine Fahrspur, dann nichts mehr.

Wieder wurden wir unruhig. Das Gelände konnte vermint sein, Reste der SS, ‚getreu bis in den Tod', konnten uns unter Feuer nehmen. Wir wollten schon umkehren, als der Pole plötzlich auf eine Baumgruppe wies. Wir konnten nichts Ungewöhnliches erkennen. Als wir näher kamen, sahen wir eine halbausgeschachtete schlammige Grube, etwa so groß wie ein Schwimmbad.

Eine Baustelle vielleicht, Ausschachtungsarbeiten für irgendein Gebäude. Am Rande der Grube lag ein kurzer Schienenstrang, ohne erkennbare Funktion. Spaten und andere Werkzeuge steckten in dem grauen Morast. Der Pole redete aufgeregt auf uns ein und zeigte auf den Schlamm neben den Gleisen. Wir erkannten ein paar Fetzen der gestreiften Sträflingsuniformen, kleine Haufen Asche, dann Reste von Knochen, eine halb verbrannte Leiche, einen Schädel. Ein Holzstapel. Brennholz.

Jetzt begriffen wir. Die Schienen mit den darüber gelegten Scheiten bildeten einen primitiven Rost. Der Überlebende fischte mit einer langen Stange, die in einem Greifhaken mündete, in der schlammigen Grube herum. Schließlich wuchtete er sie hoch, bis wir erkennen konnten, was da am Haken hing. Dann ließ er den halb verwesten menschlichen Körper wieder in den Schlamm fallen. […]

Jetzt wussten wir Bescheid. Diese erste Erfahrung nahm alle folgenden vorweg. Buchenwald, Bergen-Belsen, Dachau – wir wurden Spezialisten.[28]

Am 12. April 1945 besichtigten mehrere Generäle der amerikanischen Streitkräfte die Lager auf dem TÜP Ohrdruf. Was er dort sah, schrieb General Georg S. Patton später in einem Buch nieder:

Wir fuhren nach Ohrdruf und besuchten zum ersten Mal ein Schreckenslager. Es war das Fürchterlichste, was man sich vorstellen kann. Ein Mann, der sich als ein früherer Insasse ausgab, spielte den Impressario und zeigte uns

Zur Erinnerung an die Opfer von Buchenwald

vor allem die Galgen, wo Leute gehängt wurden, die zu fliehen versucht hatten. Das Brett, auf das die Todeskandidaten gestellt wurden, befand sich etwa sechzig Zentimeter über dem Boden, und die aus dünnem Draht gefertigte Schnur war so angebracht, dass die Zehen des Fallenden gerade noch den Erdboden erreichten. Da der Sturz nicht genügend tief war, um ihm den Hals zu brechen, dauerte es etwa fünfzehn Minuten, bis der Arme aus Luftmangel starb. Immer musste der Nächste das Brett unter seinem Vormann wegstoßen. Anwesende Deutsche behaupteten, die nach dem Putsch gegen Hitler gehängten Generäle seien auf diese Weise umgebracht worden.

Dann zeigte uns unser Führer den Auspeitschungstisch, der ungefähr so hoch war wie eine durchschnittliche Krücke. Die Füße des Opfers kamen in einen Schraubstock, sein Oberkörper wurde über den leicht eingebuchteten Tisch gezogen, durch zwei Leute festgehalten und Rücken und Lenden geprügelt. Der dazu verwandte Stock, an dem sich Blut befand, war länger als ein Pickelgriff. Unser Führer behauptete, selbst fünfundzwanzig Schläge

Würdevolles Gedenken der Opfer von S III

mit diesem Werkzeug erhalten zu haben. Nachher ergab es sich, dass er kein Gefangener war, sondern zur Wachmannschaft gehört hatte. Eisenhower musste es vermutet haben, denn er fragte den Mann sehr betont, wieso er so wohlgenährt sei. Am nächsten Morgen fand man ihn tot auf; einige Insassen hatten ihn umgebracht. Nicht weit von diesem Auspeitschungstisch lagen auf einem Haufen vierzig mehr oder weniger nackte Leichen. Man hatte sie aus nächster Nähe in den Rücken oder Kopf geschossen, das Blut auf der Erde war noch nicht geronnen.

In einem Schuppen fanden wir weitere vierzig völlig nackte Leichen, die die letzten Stadien der Auszehrung aufwiesen. Diese Leichname waren mit Kalk bespritzt – aber offenbar nicht, um sie zu vernichten, sondern um den Gestank zu vermindern, wozu Kalk allerdings kaum geeignet ist. Das Gesamtfassungsvermögen des Schuppens schätzte ich auf etwa zweihundert Leichen. Es wurde behauptet, sie seien dort liegen geblieben, bis der Schuppen ganz voll gewesen wäre, erst dann seien sie entfernt und eingegraben worden. Nach Angaben von Insassen sind seit dem 1. Januar 1945 rund dreitausend Personen von jenem Schuppen aus beerdigt worden.

Als sich unsere Truppen näherten, hielten es die Deutschen für angezeigt, die Spuren ihrer Verbrechen zu verwischen. Sie zwangen daher die Insassen, die kürzlich beerdigten Leichname auszugraben und eine Art Riesenrost aus Eisenbahnschienen auf einem Ziegelfundament zu bauen. Die Leichen wurden daraufgelegt und der Versuch gemacht, sie zu verbrennen. Er misslang jedoch. Ganz unwillkürlich dachte man an ungeheuerliche kannibalische Orgien. Die Grube unter dem Rost war mit einer grünlichen Flüssigkeit angefüllt, aus der Arme, Beine und ganze Körperteile ragten. […][29]

Im Jahr 1958 wurde im Jonastal eine Gedenkstätte für die Opfer des Außenkommandos „S III“ errichtet. Bis heute finden dort jährlich Anfang April Gedenkfeiern statt. Auf dem Gelände des ehemaligen Nordlagers auf dem TÜP Ohrdruf steht ein Obelisk zu Ehren der Opfer. Auch im Bereich des Zeltlagers Espenfeld wurde ein Denkmal errichtet, um an die Schrecken des Außenkommandos „S III“ zu erinnern.

Geheimobjekt „Olga“ – Eine Bestandsaufnahme

Einen ersten Einblick in das Thema Geheimobjekt „Olga“ und dessen Ausmaße soll an dieser Stelle die Aussage von Colonel Robert Allen geben, der als einer der ersten amerikanischen Offiziere die unterirdischen Anlagen im Bereich „AWO“ zu sehen bekam. Colonel Allen wusste Folgendes zu berichten:

Die unterirdischen Anlagen waren erstaunlich. Sie waren richtige unterirdische Städtchen. In der Umgebung von Ohrdruf gab es vier davon: Eine nahe dem Konzentrationslager, eine unter dem Schloß und zwei westlich der Stadt. Andere wurden aus naheliegenden Orten gemeldet. Keine war in natürlichen Höhlen oder Stollen gebaut. Alle waren künstliche, militärische Anlagen. Die Arbeiter kamen aus dem KZ. Ein interessanter Aspekt der Konstruktionen war das völlige Fehlen von Stollenaushub, dieser wurde vorsichtig in Kilometer weit entfernten Hügeln verstreut. Mehr als achtzehn Meter unter Grund, hatten die Anlagen zwei oder drei Etagen, waren mehrere Kilometer lang und waren wie Speichen eines Rades gebaut. Die ganze Verschalung war aus massivem, mit Stahl verstärktem Beton. Der Zweck der Anlage war das Oberkommando zu beherbergen, falls es in Berlin ausgebombt werden sollte. Die Anlagen nahe Ohrdruf sollten als Nachrichtenzentrale genutzt werden. Eine Anlage in der Nähe des KZ's war eine riesige Telefonzentrale mit den neuesten und besten Apparaten. Experten unseres Nachrichtendienstes haben die Kosten auf 10 Millionen Dollar geschätzt. Dieses System hatte auch getäfelte Büros, eine große Anzahl an Arbeits- und Lagerräumen, gekachelte Badezimmer mit Badewannen und Duschen, Toiletten mit Wasserspülung, elektrisch ausgestattete Küchen, tapezierte Esszimmer und Messe-Hallen, riesige Kühlschränke, ausgedehnte Schlafquartiere, Erholungsräume, getrennte Bars für Offiziere und Soldaten, ein Kino sowie Klimaanlagen und Abwassersysteme …[30]

Colonel Allen spricht ausdrücklich von mehreren unterirdischen Anlagen im Bereich des TÜP Ohrdruf bzw. in dessen Nähe. Mit „nahe dem Konzentrationslager“ ist vermutlich das geplante FHQ im Jonastal gemeint, „unter dem Schloss“ bezieht sich auf die bekannten unterirdischen Räume unter der Festung Wachsenburg, die etwa sieben Kilometer nordwestlich von Arnstadt gelegen ist. Laut Colonel Allen muss es also noch mindestens zwei weitere unterirdische Anlagen gegeben haben, die bis heute unentdeckt sind. Interessant ist auch die Tatsache, dass der amerikanische Offizier detaillierte Informationen über die geplante Nutzung der verschiedenen Anlagen gibt. Bis heute rätseln selbsternannte Experten über Zweck und Nutzung der Bauten im Geheimobjekt „Olga“, dabei wussten die Alliierten schon 1945 über die bewussten Objekte bestens Bescheid.

Der TÜP Ohrdruf war in jeder Hinsicht für die Errichtung eines militärischen Forschungs- und Produktionszentrums prädestiniert. Zentral im Deutschen Reich gelegen und durch seine Absicherung als militärischer Sperrbereich vor dem Zutritt Unbefugter geschützt, gab es kaum einen besser geeigneten Ort, die vielgepriesenen „Vergeltungswaffen“ zu entwickeln und zu bauen. Zwingend notwendig für ein solches Technologiezentrum war eine ausgebaute Infrastruktur mit Straßen und Bahnanbindung. Straßen waren auf dem Truppenübungsplatz bereits vorhanden, die Bahnanbindung war durch den Bahnhof Ohrdruf gesichert. Für schnelle Nachrichtenwege sorgte das bereits bestehende Nachrichtenamt „Amt 10“. Auch eine funktionierende Stromversorgung war durch die bereits bestehenden militärischen Einrichtungen vorhanden.

Ein Aufklärungsbericht des amerikanischen Militärs sprach von fünf Stollen, die drei Kilometer westlich von Arnstadt senkrecht in einen Berg führten. Das Sonderbauvorhaben „S III“ im Jonastal konnte damit nicht gemeint sein. Dieses hatte 25 Stollen und lag etwa sieben Kilometer südwestlich von Arnstadt. Es muss sich hier also um eine weitere unterirdische Baustelle gehandelt haben. Drei Kilometer westlich von Arnstadt befindet sich die Wüstung Eichfeld. Nach akribischer Recherche hat der Autor Harald Fäht die bei Eichfeld gelegene Erhebung namens Sonnenberg als möglichen Ort für die angesprochene unterirdische Anlage identifiziert. In seinem Buch „1945 – Thüringen Manhattan Projekt“ geht Fäht noch weiter und erwähnt die Aussage des Häftlings Herz Zuckerberg aus dem Sonderlager „S III“, welcher auf der vermeintlichen Baustelle auf dem Sonnenberg gearbeitet hat. Häftling Herz Zuckermann sagt dazu Folgendes:

Der Arbeitsplatz war etwa 11 km vom Lager entfernt. Die Arbeit war einigermaßen erträglich. Während des Marsches vom Camp zur Zug-Station, von der Ankunfts-Station zum Arbeitsplatz und dasselbe später wieder zurück, wurden wir angetrieben, schneller zu gehen oder schneller in die Wagen zu klettern. Viele von uns waren so schwach, dass sie nicht ohne fremde Hilfe in die Wagen kamen.[31]

Dass es sich bei der von Herz Zuckermann beschriebenen Arbeitsstelle nicht um die Stollenanlage im Jonastal handelte, bezeugt die Tatsache, dass die Häftlinge von der Ankunfts-Station der extra eingerichteten Schmalspurbahn noch einen Marsch vor sich hatten. An der Baustelle „S III" stiegen die Häftlinge aus dem Transport und waren sofort an der Arbeitsstelle. Laut Harald Fäht führte die Bahnstrecke jedoch noch etwa 500 Meter Richtung Bittstädt. Von dort führten drei breite Wege bergauf zum erwähnten Sonnenberg, wo sich möglicherweise die Baustelle für eine weitere unterirdische Anlage befand. Ein nicht unerheblicher Hinweis ist auch die Aussage vom Häftling Herz Zuckermann, die Arbeit sei einigermaßen erträglich gewesen. Solch eine Aussage tätigte ein Häftling, der auf der Baustelle im Jonastal beschäftigt war, mit Sicherheit nicht. Das FHQ sollte ja zu Hitlers Geburtstag fertig sein, wofür die dort beschäftigten Häftlinge bis zur totalen Erschöpfung arbeiten mussten. Auf der Baustelle am Sonnenberg ging es wohl nicht ganz so unmenschlich zu.

Eine weitere großangelegte unterirdische Anlage muss sich laut Zeugenaussagen im Bereich der Ortschaft Crawinkel befunden haben. Offiziell bekannt ist, dass ab dem Jahr 1934 nördlich von Crawinkel die Luftmunitionsanstalt 1/IV errichtet wurde.

Die Luftmunitionsanstalt 1/IV Crawinkel war bis Ende 1944 in Betrieb, dann wurde ihr Betrieb praktisch über Nacht eingestellt. Im Januar 1945 wurde hier dann ein Außenlager des Konzentrationslagers Buchenwald eingerichtet. Laut offizieller Geschichtsschreibung arbeiteten die Häftlinge vom Lager „C" am Sonderbauvorhaben „S III". Aussagen von Häftlingen sprechen jedoch eine ganz andere Sprache. Wichtige Hinweise gibt dazu der bereits zu Wort gekommene Häftling Herz Zuckermann. Seinen Aussagen ist zu entnehmen, dass er an mindestens zwei Großbaustellen beschäftigt und in verschiedenen Lagern interniert war. Zu Lager „C" sagte er folgendes aus:

Wie einige der Außenlager von Ohrdruf, war dieses Camp ein Vernichtungscamp, eine Hölle. Die Verwaltung bestand aus SS, die Häftlinge waren in der Mehrheit Ukrainer, Ungarn, Rumänen, Polen, Franzosen und Belgier. Das Lager befand sich in einem Wald und bestand aus mehreren Baracken. Man musste auf Brettpritschen schlafen und es gab keine sanitären Einrichtungen. Wir wuschen uns mit Schnee. Wir waren übersät mit Pusteln und Beulen. Der Arbeitsplatz war nahe beim Camp in einem Berg; wir mußten große Hohlräume ausschachten, um Lagerplatz und Platz für Fabriken zu schaffen. …[32]

Die Aussage von Herz Zuckermann bedarf wohl einiger Erklärung. „Außenlager von Ohrdruf" klingt sicherlich etwas verwirrend, da ja eigentlich alle Lager im Bereich des TÜP Ohrdruf zum Außenkommando „S III" gehörten, welches ein Außenlager des Konzentrationslagers Buchenwald war. Da die meisten Häftlinge über die bürokratischen Strukturen der Konzentrationslager wohl kaum genauer Bescheid wussten, galt für sie das Lager auf dem Truppenübungsplatz als Hauptlager und die anderen Lager als Außenlager. Dass Zuckermann in seiner Beschreibung tatsächlich das Lager bei Crawinkel meinte, geht aus seiner Beschreibung der unerträglichen Lebensbedingungen hervor. Solche unfassbaren Bedingungen sind aus keinem anderen Lager im Bereich des TÜP Ohrdruf bekannt. Besonders interessant ist jedoch die Aussage, der Arbeitsplatz sei nicht weit vom Camp entfernt gewesen. Jene Baustelle war laut Zuckermann unterirdisch und von enormer Größe, da hier Fabriken untergebracht werden sollten. Diese Aussage stützt die seit Kriegsende umgehenden Gerüchte, bei Crawinkel hätte sich eine unterirdische Rüstungsproduktion befunden.

Im Zusammenhang mit den unterirdischen Rüstungsproduktionsstätten wird von verschiedenen Autoren auch immer wieder auf die unterschiedlichen Angaben von Häftlingszahlen des Außenkommandos „S III" und seiner Nebenstellen hingewiesen. Die letzte offiziell bekannte Häftlingszahl vom 26. März 1945 lautete 13.726. Berichte von Häftlingen und zivilen Angestellten sprechen jedoch von 20.000 bis 30.000 Gefangenen, die aus verschiedenen Konzentrationslagern in das Sonderlager „S III" gebracht wurden. Dass viel mehr Häftlinge als offiziell bekannt im Geheimobjekt

„Olga“ arbeiteten, bestätigt die Aussage eines gewissen Jöy Korn, dessen Vater Abraham Korn Häftling in einem Lager von „Olga“ war:

Mein Vater war als Häftling in Ohrdruf. Er und seine Kameraden mußten in einer unterirdischen V-Waffenfabrik arbeiten. Die Häftlinge waren auch unterirdisch untergebracht und kamen die ganze Zeit über nie ans Tageslicht; es war ein richtiges unterirdisches KZ. Ein Betreten war nur durch Stollen möglich. Teilweise haben er und seine Kameraden versucht, die V-Waffen zu sabotieren, indem sie Sand beimischten.[33]

Jenen Lesern, die sich schon intensiver mit dem Thema Rüstungsproduktion im Dritten Reich und dem Konzentrationslager-System der Nationalsozialisten beschäftigt haben, werden bei dieser Aussage zunächst wohl Zweifel kommen. Unterirdische „V-Waffen“-Produktion mit angeschlossenem Häftlingslager? Das klingt eher nach dem Konzentrationslager Mittelbau-Dora und der dortigen „V-Waffen“-Fabrik im Kohnstollen bei Nordhausen. Um diese Zweifel auszuräumen, erklärte Jöy Korn, sein Vater habe tatsächlich zeitweilig in der Fabrik im Kohnstollen arbeiten müssen. Er sei jedoch später nach Ohrdruf gebracht worden und habe von beiden Lagern getrennt berichtet. Es scheint also neben den bekannten Lagern des Außenkommandos „S III“ noch ein weiteres großes unterirdisches Lager gegeben zu haben, in dem Häftlinge für die deutsche Rüstung schuften mussten. Hobbyforscher und Autoren stellen immer wieder neue Vermutungen an, welche Art von Waffensystemen hier gebaut wurden. Von der „V1/2“, der Interkontinentalrakete „A9/10“ bis hin zum legendären „Silbervogel“, einem suborbitalen Bomber mit einer Flügelspannweite von 15 Metern und einer Länge von 28 Metern ist die Rede. Da es aber keine gesicherten Hinweise auf die Art der Rüstungsproduktion im Geheimobjekt „Olga“ gibt, möchte sich der Autor nicht an solchen Spekulationen beteiligen.

Es waren jedoch nicht nur Häftlinge, welche nach dem Ende des Zweiten Weltkrieges von riesigen unterirdischen Rüstungsfabriken im Bereich „AWO“ sprachen. Auch zivile Mitarbeiter meldeten sich zu Wort. Der Autor Harald Fäht konnte einen Informanten ausfindig machen, der auf Grund der Brisanz der Angelegenheit jedoch anonym bleiben möchte. Die nachfolgende Aussage basiert auf den Informationen, die jener Herr vorgeblich von seinem Großvater erhielt:

Mein Opa arbeitete zu Kriegszeiten mehrere Jahre im Raum Ohrdruf/Jonastal. Er bekleidete eine Stellung, die ihm Zutritt zu bestimmten Abschnitten geheimer unterirdischer Anlagen gestattete. Er erzählte mir noch vor einigen Jahren darüber Folgendes: Die unterirdischen Stollen führten weit in die Tiefe des Bergmassives. Je tiefer es hineinging, desto höher wurde die Sicherheitsstufe. Nur mit bestimmten Ausweisen hatte man Zutritt zu den einzelnen Sperrzonen. Weit drinnen befand sich eine technische Anlage, an der Deutsche zusammen mit Vertretern einer ausländischen Macht (wahrscheinlich Japaner) Experimente durchführten. Die Anlage war ringförmig, wahrscheinlich handelte es sich um eine Art Fusionsanlage. Sie nahm im Inneren des Berges sehr viel Platz ein. Für die technischen Experimente lagerte im Bergesinnern zudem ein gewisser Vorrat eines Edelmetalls.[34]

Was ist von dieser Aussage zu halten? Auch wenn die Begriffe Jonastal und Stollen fallen, kann es sich bei der beschriebenen Anlage nicht um das Sonderbauvorhaben „S III“ gehandelt haben. Augenscheinlich war die beschriebene unterirdische Anlage völlig ausgebaut und wurde auch schon betrieben, da der Zeuge deutsche und vermeintlich japanische Mitarbeiter sah, die Experimente durchführten. An „S III“ wurde noch gebaut und es wurde auch niemals von ausländischen Personen, erst recht nicht von Asiaten gesprochen, welche auf der Baustelle im Jonastal gesichtet wurden. Außerdem führten die Stollen von „S III“ gerade in den Berg, waren zwar zum Teil miteinander verbunden, aber keinesfalls gab es einen ringförmigen Teil bzw. einen derart großen Raum für die angesprochene Fusionsanlage. Der bewusste zivile Mitarbeiter arbeitete also mit ziemlicher Sicherheit in einer der bis heute nicht entdeckten unterirdischen Anlagen des Geheimobjektes „Olga“.

Dass im Bereich „AWO“ tatsächlich die vielgepriesenen „Vergeltungswaffen“ hergestellt wurden, beweist auch die Aussage von SS-Sturmführer Albert Schwartz, Arbeitseinsatzführer im Konzentrationslager Buchenwald, während des Buchenwald-Prozesses im Jahr 1947:

Ich habe auch gelegentlich bei einer Besprechung erfahren, daß neben dem Führerhauptquartier auch Startbahnen für V-Waffen in Ohrdruf errichtet werden sollten.[35]

Es gibt noch weitere Indizien, die auf einen militärisch-technisch hochsensiblen Bereich auf und um den TÜP Ohrdruf hindeuten.
Das 381. Bombardment Squadron der amerikanischen Luftwaffe flog Anfang Februar 1945 mehrere Angriffe auf verschiedene deutsche Städte. Das waren im Einzelnen:

Amerikanische Angriffe auf deutsche Städte Anfang Februar 1945

1. Februar Mannheim
2. Februar Berlin
3. Februar Ohrdruf
4. Februar Essen
5. Februar Arnsberg

Was ist so erstaunlich an dieser Liste? Mit Ausnahme von Ohrdruf handelte es sich bei allen Zielen um Orte mit Industrie und Rüstungsproduktion. Warum wurde zwischendurch das so völlig kriegsunwichtige Ohrdruf bombardiert? Sicherlich nicht wegen dem halbfertigen FHQ, zumal keine Bomben im Jonastal fielen. Hatten die Alliierten möglicherweise Informationen, dass sich in und um Ohrdruf mehr verbarg, als es auf den ersten Blick den Anschein hatte?
Mehr als erstaunlich ist auch die Tatsache, wie zäh Teile der 6. SS-Gebirgs-Division „Nord" die Kampflinie Crawinkel-Gossel verteidigten. Im April 1945 hatten amerikanische Truppen Ohrdruf eingenommen und rückten weiter Richtung Arnstadt vor. In Crawinkel stießen sie auf erbitterten Widerstand der Waffen-SS. Obwohl der Kampf auf Grund des Kräfteverhältnisses von vornherein aussichtslos war, leistete die SS vom 5. bis 11. April 1945 verzweifelte Gegenwehr. Einen kriegswichtigen Grund für diesen Widerstand gab es nicht, er ließe sich wohl am ehesten mit der erhöhten Kampfmoral innerhalb der SS erklären. Aber vielleicht steckte doch mehr dahinter.
Wie an anderer Stelle schon erwähnt, hatte die Lager-SS vor dem Abzug aus dem Jonastal im Stollensystem bestimmte Abschnitte zugesprengt.

Der erbitterte Widerstand der Waffen-SS lässt die Vermutung zu, dass im Bereich Crawinkel-Gossel ebenfalls Maßnahmen unternommen wurden, dort gelegene unterirdische Anlagen unkenntlich zu machen. Möglicherweise wurden in den Anlagen auch noch Einlagerungen vorgenommen. Augenzeugen berichten von mehreren Eisenbahnwaggons, die Ende März 1945 auf der Strecke zwischen Ohrdruf und Crawinkel gestanden haben sollen und von SS-Männern streng bewacht wurden. Möglicherweise wurden also in den unterirdischen Anlagen Kunstschätze, Devisen oder auch hochwichtige Dokumente eingelagert und die Zugänge dann unkenntlich gemacht. Allerdings handelt es sich hier nur um Spekulationen, die sich der Autor zu äußern erlaubt.
Zwei weitere spannende Geschichten darüber, dass es auf dem TÜP Ohrdruf weit mehr als das neue FHQ im Jonastal gab, liefert der Studienrat Julius Böttcher:

Als das unterirdische Nachrichtenamt geschaffen wurde, da hat man mich auch um meinen Rat befragt. Das vor allem, als hier der Tiefbrunnen für das ‚Amt 10' in Angriff genommen wurde. Ich sagte damals, hier stoßen sie nicht auf Wasser. Aber die Leute ließen sich nicht beirren und meinten, sie müßten unbedingt Wasser finden, und wenn es noch so tief wäre. Die Grube, die zu dieser Zeit schon vorhanden war, hatte etwa die Ausmaße zwanzig mal sechzehn Meter. Für mich war diese Stelle sehr interessant, weil hier eine Menge Versteinerungen gefunden wurden. Ja, ich glaube, man hat die Bohrung auf zweihundert Meter niederbringen müssen, um überhaupt auf Wasser zu stoßen. Aber wissen wir wirklich, welche Bewandtnis es mit diesem Tiefbrunnen hatte?[36]

Diese Frage ist mehr als berechtigt. Warum sollte ein Nachrichtenamt einen Brunnen brauchen? Die Wasserversorgung hätte durch eine Wasserleitung gesichert werden können. Dagegen wird bei einer Produktionsanlage immer viel Wasser benötigt. Wenn es diesen bewussten Tiefbrunnen tatsächlich gegeben hat, war er mit Sicherheit nicht für das „Amt 10" bestimmt.

Studienrat Böttcher weiß noch eine weitere äußerst spannende Geschichte zu erzählen:

Es war an einem schönen, wolkenlosen Sommertag. Die Leute, die die Sache hier leiten, wollten sich über einen Spaß halbtot lachen, den sie sich mit dem Landrat erlaubt hatten und den ich selber miterlebte. Mein Freund, er war Adjutant des Generals von Göckel und auch geologisch interessiert, sorgte immer dafür, daß ich den Platz betreten durfte. Nun, an diesem bewußten Tag fuhr der Landrat mit seinem Wagen über den Platz. Plötzlich lief der Motor nicht mehr. In voller Fahrt setzte er aus. Wie ich hörte, geschah das durch ein elektromagnetisches Feld, das von einer unterirdischen Anlage erzeugt worden war. Das könne man auch bei Panzern so machen, habe ich dann noch gehört. Wissen Sie denn, warum während des gesamten Zweiten Weltkriegs keine Bombe auf den Truppenübungsplatz gefallen ist, obgleich die Amerikaner und Engländer durch ihre Spione ganz genau wußten, daß hier schließlich auch SS lag? Lediglich auf Ohrdruf wurde ein Angriff geflogen, bei dem viele Ohrdrufer umgekommen sind.[37]

Es ist tatsächlich äußerst mysteriös, dass zwar die kriegstechnisch völlig unbedeutende Kleinstadt Ohrdruf von den Alliierten bombardiert wurde, auf dem TÜP Ohrdruf und im Jonastal jedoch keine einzige Bombe fiel. Gab es dort womöglich tatsächlich eine unterirdische Anlage, in der ein elektromagnetisches Feld erzeugt werden konnte, mit dem man die feindlichen Flugzeuge zum Absturz gebracht hätte? Der Gedanke ist nicht so abwegig, dass deutsche Wissenschaftler eine sogenannte EMP-Waffe entwickelten, deren Prototyp auf dem TÜP Ohrdruf getestet wurde.
Bisher wurden im Bezug auf das Geheimobjekt „Olga" hauptsächlich nur die Aussagen von Häftlingen und zivilen Mitarbeitern wiedergegeben. Obwohl diese Aussagen von enormer Wichtigkeit für die vorliegenden Betrachtungen sind, muss beachtet werden, dass die Häftlinge und Zivilisten auf Grund ihres Einsatzgebietes nur einen begrenzten Beobachtungsradius hatten. Im folgenden soll der Luftwaffenoffizier Stephan von Kayser zu Wort kommen, der einen umfassenden Überblick über die verschiedenen Objekte und Vorkommnisse im Bereich „AWO" liefern kann. Stephan von Kayser gab seinen Bericht am 26. Mai 1974 ab. Da dieser Bericht sehr umfangreich ist und zum Teil große Passagen enthält, welche für die vorliegenden Betrachtungen nicht relevant sind, werden im Folgenden nur Teile daraus wiedergegeben:

Unser Einsatz bezog sich auf das Gebiet um Erfurt. Dabei wurden Zielpunkte in Arnstadt, Wechmar, Ohrdruf sowie in den Orten Schwarzburg, Eilgersburg, Ilmenau, Stadtilm, Crawinkel und Luisental festgelegt. Punkte waren auch Lehesten, Gotha, Mühlberg und Rudisleben. […] Als Chef hatte ich einen Einsatzstab von 18 Männern zur Verfügung. Dieser wurde auf Anforderung erhöht bzw. durch andere Kräfte verstärkt. Die Ziele unserer Arbeit sind ja bekannt, jedoch waren wir hier in Thüringen auf einmal mit anderen Aufgaben in Kontakt. Bis zu unserem Einsatz wußten wir nichts von der Forschungstätigkeit des Forschungsrates der Deutschen Reichspost in Thüringen. […] Auch wie viele unterirdische Lager, Fabriken und Versuchsanlagen es in diesem Gebiet gab, war uns unbekannt. Wir erlebten das erste Mal eine anders SS, wie wir sie bis dato kannten, und dabei in Verbindung mit Forschungsaufgaben. […] Besondere Schutzgebiete waren: der große Eulenberg bei Bittstädt, das Polte-Werk in Rudisleben, die Rote Hütte bei Arnstadt, der Bienenstein bei Espenfeld, der Campitz bei Espenfeld, das Gebiet Kleiner Eulenberg-Pfennigsberg-Eichfeld bei Arnstadt, die Schwarzburg, der Sophienbrunn bei Wechmar, das Gebiet Alt-Siegelbach, das Gebiet Steinbruch Luisental, das Rittergut Dornheim, die Schmücke und der Tunnel bei Oberhof sowie das Flugzeugwerk bei Gräfenroda. […] Gräfenroda und Luisental waren mit der Herstellung eines sogenannten Flugkreisels beschäftigt. Dazu wurden bereits die ersten Erprobungen durchgeführt. […] Der Bienenstein war eine Hauptstelle. Dort war extra eine Gleisanlage geschaffen worden mit einem Bahnhof unter der Erde und mit Gleisverbindungen, welche mit ihren Strecken in das Innere des Berges führten. Ein Teil dieser Anlage durfte jedoch niemals betreten werden. Auch war dort die sogenannte Zentrifuge untergebracht. […] Zu Rudisleben. Hier gab es vier Schwerpunkte. Einmal die Polte 2, dann die Mako, das Versuchslabor und die Raketenstellung hinter der Polte 2 und die Testhallen der Mako, welche auch der Unterstellung und Wartung von Versuchsflugzeugen dienten. Dazu muss ich einschätzen, daß das Gelände hinter der Polte 2 ein Bunker- und Tunnelsystem hatte, welches wohl einmalig war. […][38]

Die Aussage von Luftwaffenoffizier von Kayser beinhaltet einige bemerkenswerte Informationen. So wird hier das Vorhandensein von unterirdischen Anlagen im gesamten Bereich „AWO“ einschließlich des TÜP Ohrdruf glaubhaft bestätigt. Dass es sich hierbei um kriegswichtige militärische Anla-

gen handelte, belegt die Tatsache, dass die Bewachung durch Angehörige der Luftwaffe geschah. Weiterhin wird die bereits erwähnte Schlussfolgerung des Autors Harald Fäht bestätigt, dass sich nahe der westlich von Arnstadt gelegenen Wüstung Eichfeld eine unterirdische Anlage befand. Die angesprochene Zentrifuge ist ein Hinweis auf eine mögliche Urananreicherung, die in direktem Zusammenhang mit den vermeintlichen Atomwaffenversuchen steht, die im Bereich „AWO" stattgefunden haben sollen. Von Kayser spricht auch von der sogenannten Polte 2, die mit zum Geheimobjekt „Olga" gerechnet werden kann. Dies war ein offizieller Rüstungsbetrieb, in dem jedoch auch geheime Waffenexperimente vorgenommen wurden.
Bei den Werken Polte 1/2 handelte es sich um Ableger der Polte Armaturen- und Maschinenfabrik OHG aus Magdeburg. Das 1885 gegründete metallverarbeitende Unternehmen spezialisierte sich dank eines Großauftrages des preußischen Kriegsministeriums ab 1889 auf die Herstellung von Munition. Auf Grund der nationalsozialistischen Aufrüstungspolitik entwickelte sich die Firma Polte in den frühen 1930er Jahren zum größten Munitionshersteller Europas. Durch dauerhafte Verträge mit dem OKH und dem OKM konnte die Firma Polte stark expandieren und errichtete unter anderem die bewussten zwei Werke am westlichen Rand von Arnstadt. Mit dem Bau der Werke Polte 1/2 wurde 1936 begonnen, wobei sich die ständige Erweiterung bis zum September 1939 hinzog. Offiziell waren die Werke dem OKM unterstellt, es gab jedoch innerhalb von Polte 2 eine streng geheime Forschungseinrichtung, die vermutlich ein Ableger der SS-Forschungs- und Entwicklungsabteilung der Skoda-Werke in Pilsen war. Da Polte 1 eine reine Rüstungsfirma war, ist für unsere Betrachtungen Polte 2 von größerer Bedeutung. Um diese Bedeutung zu unterstreichen, sollen wieder einmal Zeitzeugen zu Wort kommen. Da deren Berichte ebenfalls sehr lang sind, werden hier wiederum nur die für das Thema relevanten Passagen wiedergegeben.
Die erste detaillierte Aussage stammt von einem zeitweilig in Polte 2 stationierten Oberleutnant, der aus persönlichen Gründen nicht namentlich genannt werden möchte:

Wir gehörten eigentlich dem Bereich der Dienststelle L 36130 an, welche sich auch Dienststelle LGB Berlin Reinickendorf West nannte. Doch wurden wir im Januar 1945 nach Rudisleben verlegt. Dieser Ort befindet sich bei Erfurt, in der Nähe von Arnstadt. Durch Begleitoffizier Bleibaum erhielten wir den Sonderbefehl, welcher die Unterstellung zum Forschungsrat der Deutschen Reichspost bzw. Dr. Ing. Kammler regelte. Die Unterbringung erfolgte im Objekt Polte 2. Wir waren überrascht, als Berliner, ein solches großes Forschungsobjekt in Thüringen vorzufinden. Die Aufgaben, welche uns befohlen wurden, waren Beobachtungsflüge im sogenannten Objektdreieck „AWO" (Arnstadt-Wechmar-Ohrdruf). Hier mußten wir mit unseren Flugzeugen vom Flugplatz Eichfeld das Gebiet überfliegen, fotografieren und danach die Fotos auswerten. Dabei ging es um die Tarnung von insgesamt 46 Objekten in diesem Gebiet. Unsere Sonderflugzeuge wurden auf der Autobahn gelandet und per Straße zur Polte 2 gebracht. In den dortigen Hallen waren bereits in oder in der Nähe von Arnstadt produzierte Flugzeugtypen, welche der Erprobung von Peilung, Sendestrahlung und Strahlenwaffen dienten. Diese Strahlenwaffen wurden im mitteldeutschen Werk bei Arnstadt erprobt und dann zur Lufterprobung in das Polte-2-Werk gebracht. Diese Arbeiten wurden immer besonders von der SS überwacht. […] Da die Ersatzteile für unsere Maschinen mitunter ausgingen, konnten wir uns in den verschiedenen Flugzeugwerken in Arnstadt und Luisenthal Ersatzteile besorgen. Dabei sahen wir erstmalig bisher unbekannte Flugzeugtypen. In Luisenthal wurde in einer unterirdischen Fabrik an runden Flugkörpern gearbeitet, welche aussahen wie ein Kreis. Diese Pilotenkanzeln wurden in einer Fabrik an der Ichtershäuser Straße in Arnstadt hergestellt. Dabei sahen wir auch erstmalig, daß ein ‚Flugzeug' mit Hilfe eines Lenkrades gesteuert werden kann. Der Pilot konnte seinen Sitz und die Lenkung im Kreis bewegen und an jedem Punkt verankern. Die Kanzel hatte einen Durchmesser von ca. 1,5 Metern, die runde Scheibe ca. 20 bis 22 Meter. Wie dieses Flugzeug jedoch funktionierte, konnten wir nie sehen und in Erfahrung bringen.

Die Anlage der Polte 2 war in Ost-West-Richtung ca. 2,8 Kilometer und in Nord-Süd-Richtung ca. 1,5 Kilometer groß. Neben einer Wohnsiedlung gab es zahlreiche Wohnbunker und unterirdische Bauten. Wie viele Häftlinge und freie Arbeiter hier tätig waren, kann ich nicht schätzen. Auf jeden Fall wurden die Häftlinge und freien Arbeiter gut versorgt. Es gab für diese jeden Tag ein warmes Essen, und es gab für die übertage Arbei-

tenden auch warmen Tee. Sie hatten auch, gegenüber den Häftlingen im Tal und in Ohrdruf, gute Winterbekleidung. Für die Häftlinge und freien Arbeiter gab es einen Aufenthaltsraum mit ca. 300 Stühlen, einen Kinoraum mit ca. 100 Plätzen und ein Bordell mit ca. 40 Frauen. Auch waren die eingesetzten SS-Männer gegenüber den Häftlingen sehr getragen. Es gab keine Zählappelle und keinerlei größere Bestrafungen. Die Arbeit erfolgte im Zwei- bzw. Dreischichtsystem. Die gesamte Anlage war eigentlich nur durch einen Zaun bzw. Erdwälle abgesichert. Da zwei Straßen vorbeiführten, blieben die Bauarbeiten in dieser Anlage für die Bevölkerung nicht geheim. Außerdem müssen die Einwohner von Rudisleben mitbekommen haben, wenn Triebwerke erprobt wurden bzw. Raketen gestartet wurden. Mit unseren größeren Flugzeugen sind wir auch auf der Straße von Arnstadt nach Ichtershausen gestartet und gelandet. Dazu wurde die Straße gesperrt. Auf der Straße war auch ständig ein Wachfahrzeug unterwegs, damit keiner dort parkte oder größere Gegenstände abstellte. Unser Flugzeug wurde dabei immer von einer Zugmaschine aus der Anlage zur Straße gebracht und dann in umgekehrter Richtung (nach dem Einsatz). In unseren Flugzeughallen konnten fünf große bzw. zehn kleine Flugzeuge untergestellt werden. Dazu war immer ein Platz freizuhalten, wo die zwei Maschinen standen, mit denen die Abwurfbehälter aus dem Werk gegenüber erprobt wurden. In dem dortigen Werk wurden auch Raketenteile und Raketenkörper hergestellt. Im hinteren Teil der Anlage war das Raketenabschußgelände. Dieses war vom Aufbau her ähnlich dem in Peenemünde. Nur waren hier die Tanklager anders gestaltet und angelegt. Die Anlage zum Abschuß von Raketen war so angelegt, daß man eigentlich nicht einsehen konnte in diese Anlage. So war dort einmal eine Postenkette, und zum anderen waren Erdwälle aufgeschüttet. Die Raketen wurden in zwei Hallen montiert. Wir nutzten diese Hallen manchmal, um unsere beiden großen Flugzeuge zu warten. Die fertigen Raketen wurden in dem sich anschließenden feuerfesten Tunnel abgestellt. Ein Stück davon entfernt waren die Tanks zur Betankung der Raketen. Dabei muß man beachten, daß eine A-4 ein Gewicht von ca. 13.000 Kilogramm hatte und davon allein 3.800 bis 4.000 Kilogramm Äthylalkohol benötigte. Das Wasser zur Kühlung wurde aus zwei Tiefbohrungen der Saline Rudisleben bezogen, da dieses Wasser sehr metallverträglich war. Oft wurden Raketenteile von

Nordhausen angeliefert, welche von den Eisenbahnwaggons im Nebenbetrieb abgeladen wurden. Man muß bedenken, die A-4 hatte eine Länge von 114 Metern und einen Durchmesser von 1,65 Metern. Aufgrund dieser Raketentechnik war öfters der Reichsminister für Beschaffung und Munition, Dr. Albert Speer, mit Dr. Ing. Kammler in der Anlage. […][39]

Dass die Einheit des bewussten Oberleutnant in Rudisleben direkt dem SS-Obergruppenführer Hans Kammler unterstellt war, ist ein wichtiger Hinweis darauf, dass die Vermutung des Autors richtig ist, in Polte 2 habe es einen Ableger der SS-Forschungs- und Entwicklungsabteilung gegeben. Bekanntermaßen stand Kammler der Hauptstelle dieser Abteilung in den Skoda-Werken in Pilsen vor. Auch die strenge Überwachung der Strahlenwaffen-Erprobung durch die SS in der Polte 2 sind ein deutlicher Hinweis auf die dortige SS-Forschungs- und Entwicklungsabteilung. Außerdem wurden hier Raketen vom Typ Aggregat 4 (A-4), sprich die „V2", montiert und getestet. Laut der Aussage des Oberleutnants befanden sich nicht weniger als 46 geheime Objekte im Bereich „AWO", was das dortige großangelegte unterirdische Rüstungszentrum belegt.
Einen weiteren wichtigen Bericht über kriegswichtige Aktivitäten in Polte 2 liefert Oberleutnant Hans von Jacobi, der ebenfalls zeitweilig im Bereich „AWO" stationiert war:

Unser Einsatz bezog sich auf den Standort des Sonderflugplatzes Polte 2 Rudisleben. Dieser Flugplatz war eigentlich kein Flugplatz. Er bestand aus drei Objekten. Einem Feldflugplatz mit einer Graslandebahn neben der Fabrik Polte und dem Versuchsforschungslabor Polte in Richtung Ichtershausen von Arnstadt links. Startrichtung war Rehestädt (ein kleines Dorf, welches nicht auf allen Landkarten zu sehen ist). Von diesem Flugplatz konnten zwei Leichtbauhallen erreicht werden (die Zwischenfläche zu beiden Hallen war ebenfalls überdacht). In diesen Hallen standen Flugzeuge verschiedener Typen, welche für die Erprobung von sogenannten Strahlenwaffen dienten. Auch waren zwei kleinere Flugzeuge dort, die sog. Düsenantriebe hatten. Diese Flugzeuge wurden mittels Zugmaschinen zu den Starts auf die Autobahn gebracht. Der Anstieg von Mühlberg her, auf der Autobahn, wirkte bei den Starts wie ein Katapult. Die dritte Start- und Landebahn war die Straße zwischen dem Kieswerk Arnstadt bis zum Klärwerk Rudisleben. Auf diesem Abschnitt konnten auch größere Maschinen landen.

Am 14. März 1945 erhielten wir einen Sonderbefehl durch den Hauptmann und Chef des Führungsstabes S III Oldebörshuis für den Einsatz Polte. Dieser besagte, daß am 16. März 1945 mehrere Flugzeuge verschiedene Personen nach Rudisleben bringen werden, aber die Flugzeuge nur kurz bleiben werden. Die Flugsicherheit mußte hergestellt werden. Gleichzeitig mußten wir zwei Flugzeuge für einen Nachtflug herrichten. Weiter wurden zwei Flugzeuge von der Dienststelle L 36330 Berlin hergerichtet für einen Nachteinsatz. Wir wurden in der Udet-Siedlung untergebracht, wo bereits einige Adjutanten von hohen Offizieren untergebracht waren.

Am 16. März herrschte große Aufregung. Ein Flugzeug nach dem anderen brachte neue Gäste zur Polte. Dabei erfuhren wir, daß das Gelände hinter der Firma Polte und Mako Testgelände für Raketen sei und an diesem Tag ein Großtest bevorstehen würde. Ab 13 Uhr hatten wir die sog. große Bereitschaft. Unsere zwei Flugzeuge und die Flugzeuge der Berliner waren bereits in Ausgangsstellung, d.h. vor dem Objektausgang, damit wir sofort auf die Startbahn konnten (Straße Arnstadt-Rudisleben). Von unserem Standort sahen wir, wie u.a. folgende Größen anfuhren: Göring, Göbbels, Speer, Gout usw. Viele kannten wir nicht, wie wir auch die bereits mit den Flugzeugen Gelandeten nicht kannten. Nach 13 Uhr mußten alle sonstigen Beschäftigten das Gelände verlassen bzw. mußten bestimmte Bunker aufsuchen. Gegen 18 Uhr fuhr ein Sondertransport der SS vor, welcher für den Versuch einen wichtigen Gegenstand brachte. Da sich die SS nicht um uns scherte, gingen wir ein Stück der Werkstraße hoch. Die Größen hatten sich in einer der Werkhallen versammelt. Doch dann sahen wir die riesige Rakete gegen den Himmel stehen. Wir schätzten die Höhe zwischen 25 und 30 Meter. So etwas hatten wir alle noch nicht gesehen. Da fuhr eine Kolonne von verschiedenen Wagen, alle mit SS, ins Werksgelände zu der Flugzeughalle. Nach wenigen Minuten ging der Troß in umgekehrter Richtung vom Gelände.

Um 19.30 Uhr mußten wir unsere Flugzeuge startbereit machen. Auch wurden die Zugmaschinen vorgesetzt. Um 21.30 Uhr wurden wir in Rei-

henfolge auf die Straße zum Start gebracht. Die Berliner Flugzeuge hatten eine andere Flugrichtung wie wir. Unsere Aufgabe war zwischen Arnstadt und Mühlberg zu kreisen, dabei durften wir die Linie Arnstadt-Wachsenburg nicht anfliegen noch überfliegen. An Bord unserer Maschine waren drei Kameraoffiziere.

Gegen 22.15 Uhr hörten wir die Sirenen gehen. Wir dachten sofort an feindliche Flugzeuge, doch es wurde uns mitgeteilt, der Fliegeralarm sei nur zu unserem Schutz. Um 22.30 Uhr erhielten die Kameraoffiziere einen Einsatzbefehl. Dann um 22.25 Uhr der Einsatzbefehl: ‚Anflug des Versuchsgeländes und Verfolgen des Flugobjektes!' Augenblicke danach sahen wir einen riesigen Feuerball im Versuchsgelände und ein Objekt, welches sich langsam von der Erde erhob mit Fauchen und Zischen. Für uns war es klar, es war die riesige Rakete, welche da gegen den Himmel flog. Unser Pilot stellte den Kurs der Rakete und somit unsere Flugrichtung fest: ‚Genau Norden!' Wir konnten die Rakete ungefähr drei bis fünf Minuten verfolgen, dann war sie nur noch ein kleiner roter Punkt am Himmel. Wir mußten noch ca. 40 Minuten in der Luft bleiben, dann erhielten wir die Landerlaubnis.

Als wir unsere beiden Flugzeuge wieder auf den Ausgangspunkt abstellten, waren bereits die Berliner Flugzeuge da. Unsere Kameraleute wurden schon erwartet. Wir hörten, daß in der Flugzeughalle bereits mächtig gefeiert wurde. Uns wurde mitgeteilt, wir hätten heute eine der Wunderwaffen des Reiches gesehen. […][40]

Der von Oberleutnant Hans von Jacobi beschriebene Raketentest wird auch von Oberleutnant Kaßmann, Einheitsführer der Dienststelle L 36330 in Berlin Reinickendorf bestätigt:

Einsatz im sogenannten ‚AWO' (Arnstadt-Wechmar-Ohrdruf) vom 14. März bis 20. März […] Als Einsatzleiter der Kriegsberichter der Luftwaffe erhielt ich bereits am 1. März 1945 den Befehl von Speer, mich in das Einsatzgebiet zu begeben. […] Unser Flugzeug, wir waren auf einer Straße zwischen Ichtershausen und Arnstadt gelandet, wurde in einer der zwei Hallen hinter der Fabrik Polte 2 abgestellt. […] Wir wurden im ‚Löwen' in Wechmar unterge-

bracht, jedoch mußten wir diesen von der SS aus bereits am 16. März wieder räumen, da die Räume für hohe Minister benötigt wurden. Wir wurden in der Udet-Siedlung untergebracht. Unser Nachbar war General Schindler, welcher zu Speer gehörte. Am 16. März wurden wir durch diesen General auch im Ablauf der Handlung eingewiesen. […]

Uns wurde das Raketenabfeuerungsgelände hinter der Firma Polte 2 und Mako gezeigt. Wir waren überrascht von dessen Größe und von den verschiedenen Bunkern. Keiner hatte vermutet, daß sich hinter diesem Fabrikgelände eine perfekte Forschungseinrichtung befand. Dazu mußten wir noch feststellen, daß hier auch zahlreiche Mitarbeiter aus dem Skoda-Werk tätig waren. Gegen 10 Uhr begann man mit der Aufrichtung der Rakete. So eine Rakete von so einer Länge und einem Durchmesser von fast vier Meter hatten wir alle noch nicht gesehen. Von der Stahlbaufirma Fiedler aus Arnstadt war dazu eine Hebebühne gebaut worden, welche es ermöglichte, diese große Rakete mit der Bezeichnung A-9/A-10 aufzurichten. […] Wir waren erstaunt, wer von den Größen des Reiches da war. Angeführt von SS-Dr. Kammler begrüßte Minister Speer u.a. Göring, Keitel, Göbbels, Dönitz, Fritsch, Frickel, Sauckel, von Ritter, von Witzmann, von Witzleben, von Karrenklan, Dr. Diebner, Dr. Gerlach, Wernher von Braun, Manfred von Ardenne […] Dazu war der gesamte Forschungsrat der Deutschen Reichspost und die Elite SS von Dr. Kammler ebenfalls anwesend. […]

Gegen 22 Uhr kam der Befehl, alle mußten Schutzbrillen aufsetzen. Um 22.14 Uhr gab es Fliegeralarm. […] Gegen 22.27 Uhr erhellte sich das Versuchsgelände mit einer großen Stichflamme und langsam erhob sich aus dem Feuerball auf der Erde eine riesige Rakete. Mit einem mächtigen Feuerschweif flog sie in Richtung Norden am Himmel dahin. […] [41]

Laut der Aussage von Oberleutnant Kaßmann handelte es sich bei dem beschriebenen Raketentest um die Erprobung der Interkontinentalrakete „A-9/A-10", die auch als „Amerika-Rakete" bezeichnet wurde. Dies war eine der sogenannten „Vergeltungswaffen", die, wie der Name schon sagt, Ziele auf dem amerikanischen Kontinent erreichen sollte. Die Aussage von Oberleutnant Kaßmann bestätigt zudem die Vermutung, dass es sich bei der

Forschungseinrichtung in Polte 2 um eine Außenstelle der SS-Forschungs- und Entwicklungsabteilung in den Skoda-Werken Pilsen handelte.

Zusammenfassend kann gesagt werden, dass es sich beim Geheimobjekt „Olga" um ein weitverzweigtes Technologie- und Fertigungszentrum handelte, dessen Ziel es war, neuartige Waffensysteme zu entwickeln, zu testen und zu produzieren. Im Bereich „AWO" befand sich das Zentrum des „Schutz- und Trutzgau" Thüringen, von wo aus die Verteidigung des Deutschen Reiches organisiert werden sollte. Von der offiziellen Geschichtsschreibung werden großangelegte unterirdische Anlagen im bewussten Bereich vehement geleugnet. Die vorliegenden Aussagen von Beteiligten, insbesondere der am Bau beteiligten Häftlinge, sprechen jedoch eine ganz andere Sprache.
Zum Abschluss der hier vorliegenden Ausführungen zum Geheimobjekt „Olga" soll der letzte sowjetische Kommandant des TÜP Ohrdruf zu Wort kommen. Dieser sagte zu einem Reporter des Fernsehsenders ZDF Folgendes:

Ihr werdet euch noch wundern. Dort unten gibt es Räume, in denen heute noch das Licht angeht, wenn man den Schalter umlegt.[42]

Dieser Aussage ist wohl nichts mehr hinzuzufügen!

Atomwaffenforschung im „AWO“

In der orthodoxen Geschichtsschreibung gilt die deutsche Atombombe bis heute als Mythos, den ewig Gestrige nach dem für Deutschland verlorenen Weltkrieg erfunden haben. Der Mythos der deutschen Atombombe sollte dazu dienen, die Schmach der Niederlage etwas zu mildern: Hätte man nur etwas mehr Zeit gehabt, ja, dann wäre noch die Wende zu Gunsten des Deutschen Reiches gekommen. Mittlerweile mehren sich jedoch die Hinweise, dass deutsche Wissenschaftler sehr wohl in der Lage waren, eine funktionstüchtige Kernwaffe herzustellen. Anscheinend kam diese Waffe tatsächlich aus Zeitgründen nicht über das Stadium des Prototyps hinaus.

Um den Fortschritt der deutschen Atombomben-Entwicklung zu beleuchten, soll es an dieser Stelle zunächst einen kurzen Überblick über die entsprechende Forschung geben. In den folgenden Ausführungen über die deutsche Kernwaffenforschung werden bis auf wenige Ausnahmen keine technischen Details wiedergegeben. Das würde den Rahmen des hier vorliegenden Buches sprengen. Vielmehr soll es eine Zusammenfassung über die Bemühungen der beteiligten Wissenschaftler geben, das Projekt deutsche Atombombe zu realisieren.

Links: Kurt Diebner, rechts: Otto Hahn

Am 17. Dezember 1938 gelang dem Chemiker Otto Hahn und seinem Assistenten Fritz Straßmann am Kaiser-Wilhelm-Institut für Chemie in Berlin im Rahmen einer Versuchsreihe die erste Kernspaltung eines Atoms, die elementare Voraussetzung für den Bau einer Atombombe. Gemeinsam mit der aus Deutschland emigrierten Kernphysikerin Lise Meitner und deren Neffen Otto Frisch analysierten die Wissenschaftler die bis dahin nicht für möglich gehaltene Kernspaltung. Am 6. Januar 1939 veröffentlichten Hahn und Strassmann dann die Ergebnisse ihrer Versuchsreihe, was für Furore in den entsprechenden Fachkreisen sorgte. Wie nicht anders zu erwarten, diskutierte die wissenschaftliche Welt auch bald über die militärische Nutzung der sensationellen Entdeckung von Hahn und Strassmann. Bereits im Frühjahr 1939 machten mehrere Wissenschaftler das HWA auf eine mögliche militärische Nutzung der Kernspaltung aufmerksam. Da die Gewinnung von Atomenergie äußerst interessant für das deutsche Militär war, richtete der Leiter der Forschungsabteilung des HWA, Prof. Erich Schuhmann, im Juni 1939 ein Referat für Atomenergie ein. Die Leitung übertrug er dem Kernphysiker Kurt Diebner.
Auch die Reichsregierung wurde frühzeitig auf das Thema Atomenergie aufmerksam. Auf einer geheimen Sitzung am 29. April 1939, zu der auch Otto Hahn eingeladen war, regte Abraham Esau, Präsident der Physikalisch-Technischen Reichsanstalt, die Einrichtung einer Forschungsgruppe an, zu der die führenden Köpfe der deutschen Kernphysik gehören sollten. Aus einer Laune heraus wurde diese Forschungsgruppe „Uranverein" getauft.
Im Sommer 1939 gab es in Deutschland also zwei konkurrierende Gruppen auf dem Gebiet der Atomforschung. Mit dem Beginn des Zweiten Weltkrieges kam es durch die sich ändernde Kompetenzlage zu einer teilweisen Verschmelzung dieser beiden Gruppen. Wichtigen Mitgliedern des „Uranvereins" wurde die Möglichkeit gegeben, durch einen Einberufungsbefehl zum HWA einem möglichen Fronteinsatz zu entgehen, was gern genutzt wurde. Wie so oft hatte das Militär die Früchte der Wissenschaft übernommen!
Die neu vereinigte Gruppe von Wissenschaftlern beim HWA behielt die Bezeichnung „Uranverein" bei und stand nun unter der gemeinsamen Leitung der Kernphysiker Kurt Diebner und Walter Basche. Die Zielsetzung des HWA betreffs Nutzung der Atomenergie stand von vornherein fest,

was auch ein Wortwechsel von Kurt Diebner mit dem angeworbenen Physiker Erich Bagge bestätigt. Bei ihrem ersten Treffen soll Bagge seinen neuen Vorgesetzten gefragt haben: „Um was geht es hier eigentlich?" Daraufhin soll Diebner lächelnd gesagt haben: „Es geht um die Atombombe!"[43]

Die erste Sitzung des „Uranvereins" unter Leitung des HWA fand am 16. September 1939 statt. Es wurden Forschungsaufgaben verteilt, Personalfragen geklärt und technische Details besprochen.
Der „Uranverein" besaß keine festen Strukturen. Ab Januar 1940 fungierte das Kaiser-Wilhelm-Institut für Physik in Berlin als Leitinstitut, weitere Forschungseinrichtungen verteilten sich über das ganze Reichsgebiet. Die Wissenschaftler waren sich gleichgestellt, es gab keine direkten Hierarchien, jedoch eine lose organisatorische Verbindung und einen regelmäßigen Erfahrungsaustausch.
Wie so oft im Dritten Reich begannen auch andere dienstliche Stellen sich für die Arbeit ihrer „Kollegen" zu interessieren. So versuchten sich Einrichtungen der Kriegsmarine und das Reichspostministerium in Verbindung mit der Luftwaffe an der Atomforschung. Später stieß dann noch die SS dazu, die gegen Ende des Krieges die Alleinherrschaft über das deutsche Atomprojekt übernahm. In der Frühphase der deutschen Atomforschung war jedoch der „Uranverein" die treibende Kraft.
In der experimentellen Forschung stellte das in großen Mengen benötigte sogenannte „schwere Wasser" das größte Problem dar. Zu Beginn ihrer Forschung standen den deutschen Wissenschaftlern nur wenige Liter der dringend benötigten Substanz zur Verfügung. Nach der Besetzung Norwegens durch die Wehrmacht war dieses Problem gelöst, da die Firma „Norsk Hydro" genügend „schweres Wasser" herstellte. Durch die Besetzung Frankreichs kam man zudem in den Besitz eines zwingend notwendigen Teilchenbeschleunigers. Uranerz wurde aus dem besetzten Belgien geliefert.
Trotz der mittlerweile sehr günstigen Ausgangslage, was technische Anlagen und Rohstoffe betraf, gelang es den Mitarbeitern des „Uranvereins" in der Folgezeit nicht, waffenfähiges nukleares Material herzustellen. Einzelne Wissenschaftler konnten immerhin kleinere Teilerfolge in der Grundlagenforschung erzielen. So wurde im Februar 1941 von den Physikern

des Kaiser-Wilhelm-Instituts für Physik eine Patentschrift mit dem Titel „Technische Energiegewinnung, Neutronenerzeugung und Herstellung neuer Elemente durch Spaltung von Uran und verwandten schweren Elementen“ beim Reichspatentamt eingereicht. In dieser Schrift wurde noch die theoretische Verwendung des erzeugten Materials als Sprengstoffe erwähnt. In einer sich anschließenden Patentschrift vom 28. Februar 1941 war davon allerdings nicht mehr die Rede. Vielmehr sprachen die Wissenschaftler nur noch vom Bau einer „Uranmaschine“, sprich einem Kernreaktor. Dass das Ziel der Forschung jedoch eine funktionstüchtige Atombombe war, steht außer Zweifel. Möglicherweise hatten sich bei den Physikern vom Kaiser-Wilhelm-Institut in Berlin, allen voran dem theoretischen „Vordenker“ Carl Friedrich von Weizsäcker, mittlerweile ethische Bedenken über die Verwendung einer Atombombe geregt.

Ein großer Rückschlag für den „Uranverein“ war das nachlassende Interesse des HWA am Atomprojekt. Das Militär hatte sich schnelle Erfolge versprochen, doch nach rund zweieinhalb Jahren finanzierter Forschung schien die Verwendung von nuklearem Material als Waffe in weite Ferne gerückt zu sein. Am 16. Dezember 1941 bestellte Erich Schumann vom HWA die leitenden Mitglieder des „Uranvereins“ zu einer Konferenz nach Berlin ein. Dort wurde den Wissenschaftlern mitgeteilt, dass sich das HWA schrittweise aus der Atomforschung zurückziehen werde. Da keine aussichtsreiche militärische Verwendung der Forschungsergebnisse des „Uranvereins“ in Aussicht stand, sah man sich zu diesem Schritt genötigt.

Nun stand der „Uranverein“ vor einer wichtigen Entscheidung. Wie sollte die Forschung weitergehen? Mittlerweile waren sich die verschiedenen Forschungsgruppen über die weitere Ausrichtung ihrer Arbeit uneinig. Die Gruppe um Heisenberg sah vorerst nur den Bau eines funktionstüchtigen Kernreaktors als realistisches Ziel, die Forscher um Diebner hielten an der Idee der Atombombe fest.

Der Reichsforschungsrat, welcher dem Reichsminister für Bewaffnung und Munition unterstand, nahm sich der ungewissen Zukunft der deutschen Atomforschung an und lud alle betreffenden Wissenschaftler sowie Vertreter von Wehrmacht und SS zu einem Treffen am 26. Februar 1942 ein. Otto Hahn und Werner Heisenberg hielten ausführliche Vorträge, welche das Interesse der anwesenden Wehrmachtsangehörigen weckten.

In einer Pause trat ein General an Heisenberg heran und fragte ihn direkt, ob er innerhalb von neun Monaten eine kriegsentscheidende Waffe bauen könne. Heisenberg verneinte das.

In Vorbereitung auf jene Tagung hatte Kurt Diebner den Auftrag erhalten, die bisherigen Forschungsergebnisse des „Uranvereins" in einem Bericht festzuhalten, der den Teilnehmern vorgelegt wurde. Wie zu erwarten, stand in diesem Bericht, dass der Bau einer Atombombe prinzipiell möglich sei. Die anwesenden militärischen Vertreter der Reichsregierung fanden diesen Bericht natürlich äußerst interessant und luden am 4. Juni 1942 zu einer erneuten Tagung. Das Militär sann auf eine wirksame Waffe, da sich der Krieg mittlerweile zu Gunsten der Alliierten gewendet hatte. Bei der zweiten Konferenz machte Heisenberg den anwesenden Vertretern der Regierung gewisse Hoffnungen, sprach jedoch von mehreren Jahren bis zur Nutzung der Atomenergie als Waffe.
Anwesend war am 4. Juni 1942 auch der neu berufene Reichsminister für Bewaffnung und Munition, Albert Speer, der Reichskanzler Adolf Hitler über die Fortschritte bezüglich der deutschen Atombombe unterrichten sollte. Speer informierte sich umfassend über den Stand der Forschung und fragte Heisenberg, ob möglicherweise eine außer Kontrolle geratene atomare Kettenreaktion die gesamte Erde vernichten könne. Solche Art Ängste waren in der Reichsregierung weit verbreitet. Hitler selbst stand dem Thema Atombombe daher eher zurückhaltend gegenüber. So hatte er bereits dem Reichspostministerium die Unterstützung für dessen eigene Atomforschung verweigert.
Das Ergebnis der Tagung vom Juni 1942 kann als vage optimistisch für die weitere Arbeit des „Uranvereins" angesehen werden. Obwohl laut Aussagen der Wissenschaftler die Herstellung einer funktionstüchtigen Atombombe noch Jahre in Anspruch nehmen würde, erklärte sich der Reichsforschungsrat bereit, das Projekt zu übernehmen. Als Leiter fungierte nun der Präsident der Physikalisch-Technischen Reichsanstalt, Abraham Esau. Dieser legte den Mitarbeitern des „Uranvereins" ein straffes Arbeitsprogramm vor, was in der Folgezeit auch zu beachtlichen Erfolgen führte. Mit den von Siemens gebauten Kernreaktoren konnten wichtige Experimente durchgeführt werden, die einen Durchbruch in der Atomforschung bedeuteten.

Dann kam es am 23. Juni 1942 im Institut Leipzig zu einem folgenschweren Unfall. Bei einem Experiment von Heisenberg und Döpel explodierte der Kernreaktor und das Labor brannte ab. Nach diesem Unfall beschlossen die führenden Köpfe des „Uranvereins", alle folgenden Experimente mit den Kernreaktoren gemeinsam vorzubereiten und durchzuführen, zumindest so, wie es die Personallage zuließ.
In der Folgezeit kam es jedoch immer wieder zu Kompetenzstreitigkeiten, da sich innerhalb des „Uranvereins" verschiedene Konzepte entwickelt hatten, waffenfähiges Material herzustellen. Da die angespannte Kriegslage mittlerweile auch den Nachschub an dringend benötigtem Material beeinträchtigte, fühlten sich einige Dienststellen benachteiligt und zurückgesetzt.
Mittlerweile war es zu einem regelrechten Wettkampf zwischen Heisenberg und Diebner gekommen, deren Konzepte am aussichtsreichsten erschienen. Um die Streitigkeiten innerhalb des „Uranvereins" zu schlichten, lud Abraham Esau vom 14. bis zum 16. Oktober 1943 zu einer Konferenz ein, der Heisenberg und seine Mitarbeiter demonstrativ fernblieben. Das führte zum endgültigen Bruch innerhalb des „Uranvereins". Heisenberg beharrte weiterhin auf seinem Konzept und experimentierte allein weiter.
Doch das deutsche Atomprogramm stand noch vor ganz anderen Schwierigkeiten. Bereits im April 1943 hatte ein britisches Kommandounternehmen einen Sprengstoffanschlag auf die Schwerwasserproduktion in Norwegen verübt, im November 1943 griffen 180 amerikanische Bomber das Werk erneut an und brachten die Produktion zum Erliegen. Das bereits produzierte schwere Wasser sollte nun per Schiff nach Deutschland gebracht werden. Norwegische Widerstandskämpfer erfuhren davon und brachten das Schiff mit einer Sprengstoffexplosion zum Sinken.
Durch den fehlenden Nachschub an dringend benötigtem schweren Wasser kam die Arbeit des „Uranvereins" fast vollständig zum Erliegen. Mit dem noch vorhandenen Material war eine weitere Forschung kaum mehr möglich.

Von der orthodoxen Geschichtsschreibung wird daher spätestens das Frühjahr 1944 als Ende der deutschen Atomforschung angesehen.
Aber auch wenn bis heute geleugnet wird, dass deutsche Wissenschaftler

in der Lage waren, eine funktionstüchtige Atombombe zu bauen und damit Tests durchzuführen, mehren sich Stimmen, welche dieser vermeintlichen Tatsache widersprechen.
Das Thema deutsche Atombombe ist dementsprechend äußerst kontrovers, so dass der Autor wie gehabt keine unbewiesenen Behauptungen aufstellen wird. Vielmehr werden im Folgenden wieder Zeugenaussagen und Informationen wiedergegeben, die er im Rahmen seiner Recherchen eruieren konnte.
So soll zunächst der sogenannte Lachner-Bericht wiedergegeben werden, der im Jahr 2001 im Buch „Das Geheimnis der deutschen Atombombe" von Edgar Mayer und Thomas Mehner abgedruckt wurde. Die Autoren sorgten seinerzeit für große Furore mit ihrer Behauptung, Nazi-Deutschland habe bereits die Atombombe besessen.
Der bewusste Professor Friedrich Lachner war als Hochschulassistent in der Abteilung für technische Physik an der Technischen Universität in Wien tätig. Später will er laut eigener Angaben an der Entwicklung der deutschen Atombombe beteiligt gewesen sein. In seinem „Zur Geschichte der Atombombe" betitelten Bericht weiß er Folgendes zu berichten:

Über die Geschichte technischer Einrichtungen, die bei der Deutschen Wehrmacht verwendet wurden oder zumindest in Entwicklung waren, sind vielfach irrige Meinungen vertreten [worden], ganz besonders was Prioritätsfragen betrifft. Besonders die Prioritäten bei Erfindungen und wissenschaftlichen Forschungsarbeiten von Nationalsozialisten oder mit hohen und höchsten Nazis Verwandten wurden nicht geachtet.

Da diese Opfer oft heute noch arg benachteiligt werden, haben sie nicht die entsprechende Möglichkeit, sich gegen einen Prioritätsraub zu wehren. Vielfach wurden diesen schöpferischen Menschen auch ihre schriftlichen Aufzeichnungen geraubt. In manchen Fällen gelang es Spionen und Verrätern noch während des Krieges Daten an sich zu bringen – oft durch Photographieren von Akten –, mit denen sie zum Teil beim Feind ein gutes, aber ehrloses Geschäft machten. Es gibt Fälle, in denen solche Schurken das unehrlich Erworbene als ihr eigenes geistiges Produkt ausgaben, und es gibt Fälle, in denen sie diese Sache nach dem Krieg sogar zum Patent anmeldeten.

Zu diesen ehrlosen Lumpen gehört z.B. Schauberger, der im Übrigen von der Art Schapeller war, ferner Giesecke, Werhan, Pusch, Engleder u. a. Der Verfasser dieser Zeilen (u. a. mit Canaris befreundet), der zu den höchsten Stellen der Nazi[s] Verbindungen – auch verwandtschaftliche – hatte, und insbesondere auch nach dem Kriege auch Verbindungen zu hohen Stellen der Siegermächte bekam, hatte stets Gelegenheit, viel zu erfahren.[...]

Schon Jahre vor dem Kriege haben sich Physiker mit der Möglichkeit des Freiwerdens der Atomenergie befaßt. Schon Hasenöhrl dachte 1904 an diese Möglichkeit, was ihm – wie Hochschulprofessor H. Mache erzählte – Sorgen bereitete. Die schon im vorigen Jahrhundert von Thomson vermutete Proportionalität zwischen Masse und Energie, die durch von Poincar und später von Hasenöhrl auf anderem Wege gefundene Formel $L=mc^2$ (die auch später Einstein benützte), macht die Möglichkeit einer Umwandlung von Masse in Energie naheliegend. (Es wurde später beim Studium alter Aufzeichnungen sogar festgestellt, daß schon 1846 der Mitarbeiter von Gauß, der Physiker Wilhelm Weber [1804-1891] schon die Formel $E=mc^2$ angegeben hatte.) Bei radioaktiven Atomkernumwandlungen wurde ein solcher Vorgang zunächst in langsam verlaufender Form beobachtet. Schon lange vor dem Kriege wurde auch vermutet, daß bei Überschreitung einer sogenannten ‚Kritischen Masse' der Umwandlungsvorgang sehr rasch erfolgen würde. In einem Wiener Hochschulvortrag von Prof. Adolf Smekal wurde dies damals auch erwähnt und auch angedeutet, daß damals noch nichts über die Größe dieser kritischen Masse angegeben werden konnte.

Der Verfasser (F.L.), der dies im Vortrag hörte, dachte über betriebssichere, konstruktive Möglichkeiten nach, die trotz der Unsicherheit über die Größe der kritischen Masse durchführbar sein könnten. Kurze Zeit nach diesem Vortrag hielt der Verfasser Vorträge über seine Lösungsmöglichkeiten usw., zumeist Hochschulvorträge. Da Aufzeichnungen abhanden gekommen sind, kann das genaue Datum nicht angegeben werden.
Ein Vortrag wurde an der Wiener Technischen Hochschule (TU) gehalten, wobei zumeist technische Physiker anwesend waren. Anwesend waren auch Hochschulprofessoren, insbesondere L. Flamm, H. Mache, A. Smekal, A. Lechner. Von später bekannt gewordenen Fachleuten waren anwesend der

Chemiker Swarofsky, Dipl. Ing. (Maschinening.) und Raketenfachmann Hermann Freiinger, Oberbaurat Heinrich Drab, der E-Ing. ist. Auch Ausländer waren anwesend. Insbesondere unter den Chemikern fanden sich welche, die eine Zusammenarbeit bei der Laboratoriumsarbeit vorschlugen, um sehr wirksame Atomsprengkörper und auch Atom-E-Werke zu entwickeln. Weder der vortragende Lachner noch diejenigen, die ihre Mitarbeit angeboten haben, beabsichtigten, eine Atombombe vorwiegend für militärische Zwecke zu entwickeln (eher noch für Großbauten, z.B. für [einen] neuen, besseren Panamakanal). Auch Prof. Smekal hatte eine solche Absicht. Er meinte in früheren Vorträgen, daß sich wohl Möglichkeiten für eine Atombombe finden lassen würden, bis man mehr über die kritische Masse wissen wird, und daß wir aber – er meinte damit alle Wissenschaftler – gar nicht eine Atombombe bauen wollen, sondern eine Energiegewinnung für Elektrizitätszwecke aus der Atomkernenergie (der heutige Atomreaktor war sein Ziel!). Er meinte, daß die Regelung einer langsamen Freimachung der Atomkernenergie noch die Lösung verschiedener Teilprobleme erfordern wird. (Heute gibt es mehrere Reaktortypen.) Der Gedanke, das Problem der Atombombe in der Weise zu lösen, daß zwei unterkritische Massen rasch zusammengebracht werden, wobei die kritische Masse überschritten wird und die Explosion erfolgt, war naheliegend und dürfte auch Smekal vorgeschwebt sein. Jede der beiden Einzelmassen müßte also größer als die halbe und kleiner als die ganze kritische Masse sein. Die Größe der kritischen Masse müßte also genauer als bloß auf eine Oktave genau sein. Die Stabilität einer solchen Atombombe und damit ihre Sicherheit ist aber nicht sehr groß. Der Verfasser hat daher im Vortrag den Vorschlag gemacht, viele unterkritische, kleine Einzelmassen zu verwenden.

Die vorgeschlagene Konstruktion war folgende:
Im Mittelpunkt befindet sich eine Neutronenquelle (mit Beryllium, Be von [unleserlich]), die von einer dünnen Kugelschale umgeben ist, die aus einem Neutronenschlucker besteht (z. B. Graphit, Kadmium u. dgl.) Das Ganze wird von einer weiteren Kugelschale umgeben, die viele kleine Einzelmassen aus dem wirksamen Uranisotop enthält. Die z. B. münzen- oder linsenförmigen Uranstücke (oder Transuranstücke) befinden sich auf dieser Kugelschalenoberfläche ungefähr gleichmäßig verteilt, so daß sich eine große Stabilität

ergibt. Von einer, der bisher angegebenen umhüllenden Kugelfläche nach außen befindet sich ein gewöhnlicher Sprengstoff mit längs dieser Kugelschale gleichmäßig verteilten, z. B. parallel geschalteten elektrischen Zündern. Dann kommt die äußere Hülle.

Statt dieser konzentrischen Kugelschalen könnte man auch konzentrische Zylinderschalen benützen. Der außen befindliche gleichmäßig gezündete Sprengstoff (Hohlraumladung) schleudert die Uranmassen nach innen gegen das Zentrum. Zuerst durchschlagen sie die Haut mit dem Neutronenschlucker und kommen dann immer näher zusammen, so daß noch vor ihrer Vereinigung die Wirkung einer kritischen Masse erreicht wird. Diese zündet umso leichter, als sich dort ja auch noch eine zusätzliche Neutronenquelle befindet. (Nahe einer starken Neutronenquelle würde auch eine schwach unterkritische Masse zünden.) Es ist klar, daß diese ‚Lachnersche Konstruktionsart einer Atombombe' große Lagerungs- und Transportsicherheit und sicheres (gewünschtes) Zünden ermöglicht. Diese Lachnersche Atombombenerfindung wurde also schon lange vor dem Zweiten Weltkrieg veröffentlicht. Gebaut wurde sie allerdings damals noch nicht, wenn man von – nach Lachnerschen Angaben von anderen gebastelten – einfachen, aber natürlich nicht gefährlichen bloßen Demonstrationsmodellen absieht. Es ist auch vorgekommen, daß sich ein solcher Bastler nachher frech als Erfinder der Atombombe bezeichnet hat (z. B. W u. G.) Nach dem Kriege war so ein allerdings nicht einwandfreies Demonstrationsmodell in der Wiener Wochenzeitung Wochenausgabe abgebildet. (Es soll dieses Bild auch in anderen Zeitungen erschienen sein, angeblich auch im Erzähler.) In erster Linie war die Lachnersche Atombombenkonstruktion bloß ein Ausweg aus der Schwierigkeit, da damals kaum die Größenordnung der kritischen Masse bekannt war (d. h. z. B., man kann nicht sagen, ob der Wert 101 oder gar etwa 104 Gramm beträgt).

Hat man beispielsweise in der dünnen Kugelschale 1.000 Uranteilchen von je 10 Gramm, dann tritt die Zündung sicher ein, wenn die kritische Masse nur innerhalb des Bereiches von 102 bis 104 Gramm liegt. Näher der unteren Grenze dieses Bereiches liegt sie, wie sich später ergab, tatsächlich. Wegen der kritischen Masse können Uranbomben und Transuranbomben auch nicht beliebig groß gebaut werden. Bei den späteren Wasserstoffatombomben ist dies anders. Unter den von Smekal in seinen Vorträgen vor dem Kriege und später angegebenen Konstruktionen war auch die für die Wasserstoffatombombe (und auch eine mit Lithium-Ditium-Tritium).

In Wien ist auf dem Gebiet der Atombombe also Vorarbeit geleistet worden, von der auch maßgebliche Nazi[s] erfahren haben, ebenso wie andere Mächte (Giseke hat dies auch den Russen mitgeteilt, wie er selbst sagte), die dies aber vorerst wenig beachteten. Experimentell ist in Wien aber kaum gearbeitet worden, was dieses Spezialgebiet betrifft. Eine wertvolle experimentelle Vorarbeit waren jedoch die gelungenen Versuche von Hahn im Kaiser-Wilhelm-Institut, obwohl die Kettenreaktion an sich schon früher bekannt war. Die Wissenschaftler dieses Forschungsinstitutes wollten aber gar keine Atombombe bauen, auch nicht, als eine solche Entwicklung von der SS anbefohlen wurde. Himmler schuf dann eigene SS-Forschungsstätten für die Atombombenentwicklung. Auch Leute vom Ingenieurkorps wurden herangezogen, die aber zumeist auch heute noch nicht wagen, dies zuzugeben. Obwohl der Verfasser einige prominente Namen hier nennen könnte – auch Nobelpreisträger waren darunter –, vermeidet er es vorläufig, da er wissenschaftlichen Kollegen nicht schaden will.

Der Verfasser, der selbst für Forschungsanstalten tätig war, wurde auf Anordnung höchster Stellen oft zu Fachkonferenzen beigezogen, auch was die Atombomben betrifft.

Es gab andere Stellen, wo am Atombombenproblem gearbeitet wurde (z. B. Hirschberg, Bad Sachsa und im Technischen Amt der SS selbst, das zum technischen Stab gehörte, wohin der Verfasser kommen sollte, da er ein von Himmler persönlich unterzeichnetes Versetzungsschreiben erhielt, aber erst Luftwaffenforschungsarbeiten, z. B. auch für die Forschungsanstalt Amring in Bayern beenden wollte). Auch an der Wasserstoffbombe wurde gearbeitet. Ein Werk für die Erzeugung des schweren Wasserstoffes war deswegen in Norwegen errichtet [worden], das aber vom Feind zerstört wurde. Die kleinen Uranbomben waren in erster Linie als Zünder für die Wasserstoffbomben bestimmt, so daß ihr unmittelbarer Einsatz vorerst gar nicht beabsichtigt war. Die Uranbomben waren nahezu fertig und wurden z. T.

an sichere Stellen der Alpen, z. B. ins Salzkammergut, verlagert, in erster Linie in aufgelassenen Bergwerkstollen. Vorübergehend waren später auch wenige bei Henndorf. Da nun schwerer Wasserstoff bzw. schweres Wasser kaum mehr in ausreichender Menge beschafft werden konnte, war es naheliegend, die Uranbomben direkt anzuwenden. Dies hat sich aber verzögert. Eine sichere Aufhänge- und Abwurfvorrichtung mußte erst gebaut werden und das entsprechende Fallschirmproblem machte Schwierigkeiten, da die Rüstungsindustrie wegen der Bombenangriffe kaum mehr leistungsfähig war. Es wurden schließlich Selbstmörderpiloten gefunden, die bereit waren, die Atombomben ohne Fallschirm abzuwerfen, worüber Himmler berichtete, was der Verfasser aus dem Munde Himmlers hörte.

Zur Zeit der Ardennenoffensive von General Rundstedt wäre es beinahe wirklich zum Einsatz einiger Atombomben gekommen. Die Gründe, warum es dann nicht dazu kam, hörte der Verfasser in verschiedener Weise angegeben. Zuerst einmal sollen Westwinde, die den radioaktiven Abfall ins eigene Gebiet getragen hätten, die Hauptursache gewesen sein. Dann war ferner ein Teil der Atombomben nicht auffindbar, da ohne Führerbefehl weiter verlagert (möglicherweise von einer linken bzw. bereits meuternden SS-Gruppe). Der Führer hat geschrien: ‚Wo sind meine Atombomben?' [-] Es gab damals auch einen Kriegsgerichtsprozeß, bei dem z. T auch der Verfasser anwesend war. Auch andere Bomben, die groß, aber keine Atombomben waren, wurden mitverlagert von Leuten mit SS-Uniform. Beim Transport mit Lastautos ist weit östlich von Salzburg in einer wenig besiedelten Gegend ein schwerer Unglücksfall gewesen. Der Atombombenpilz mit den Ringen ist von einem Berggipfel nahe Salzburg auch vom Verfasser gut gesehen worden (und photographiert [worden], Format 6 x 9 cm). Auch der Verfasser hatte damals Hautverbrennungen davon, viel stärker als bei einem Sonnenbrand, und war lange Zeit in ärztlicher Behandlung. SS-Leute von dem Transport, der viele Kilometer auseinandergezogen war, hatten schwerste Verbrennungen, die der Verfasser gesehen hat. Es soll auch noch in der Gegend von Bad Hall solche besonders starken Fälle von Sonnenbrand gegeben haben, wie ein dortiger Arzt erzählte.

Ein Lastauto mit einer Atombombe ist dann auch noch durch Salzburg gefahren, da sie zum Flugplatz gebracht werden sollte. Gerüchteweise soll sie aber in der Nähe im Moor untergegangen sein. Dieses Moor ist derzeit sehr radioaktiv und heilkräftig (Neidharting). Es war damals streng verboten, über die ganze Angelegenheit zu sprechen. Der Feind hat aber trotzdem davon erfahren. Deutsche Spione in England haben Akten zu Gesicht bekommen mit Berichten, daß die deutschen Atombomben eine gewaltige Wirkung haben. Solche Berichte aus England hat Stabsing. im Majorsrang Dipl. Ing. Swarofsky dienstlich bekommen und mir darüber Mitteilung gemacht. Dem Feind war auch diese Atombombenexplosion bekannt. (Ich habe damals den Atompilz photographiert, welche Aufnahme mir samt dem Negativ von Himmler abgenommen wurde. Leider habe ich keine Kopie mehr.) Einige Monate vor Kriegsende wurden ohne Wissen des Führers von Göring, Himmler u. a. Friedensverhandlungen angebahnt, bei denen den Engländern das Photo von dem Atompilz gezeigt wurde, als Beweis dafür, daß Deutschland noch mächtige Waffen hat. Die Gegenseite erklärte aber, daß sie davon ohnehin wisse, was Himmler erzählte.

Von der Wasserstoffbombenentwicklung her war noch ein Rest von schwerem Wasser vorhanden (Deuterium). Auch ich wurde darüber befragt und meinte, daß es zweckmäßig wäre, dieses in leere Bombenhüllen von gewöhnlichen Bomben zu geben, da es dort vor Dieben und Spionen am sichersten wäre, da kaum jemand wagen würde, eine Bombe anzurühren. Seit Kriegsende dachte anscheinend niemand mehr daran. Die Sieger haben nach ihrem Einzug dann dieses gefunden und anscheinend nicht gründlich untersucht, daher für gewöhnliches Wasser gehalten und weggeschüttet. Die Sieger haben deutsche Atombomben gefunden. Es war deswegen auch der Physiker Oppenheimer im Salzkammergut, mit dem ich gesprochen habe. Die vorwiegend kommunistische Widerstandsbewegung hat eine deutsche Atombombe über die Demarkationslinie den Russen gebracht, wobei anfangs Amerikaner an der Demarkationslinie Schwierigkeiten machten. Zum Teil wurden sie erschossen und zum Teil bestochen. Zugleich wurden auch Nazi[s] gewaltsam mitgenommen und den Russen übergeben. Es gelang aber manchen die Flucht, so daß ich Näheres erfahren konnte. Bei Kriegsende war ein deutscher Munitionszug bei Amstetten, der auch Atombomben enthielt (die ich früher gesehen hatte, als ich einmal mit Himmler dort war). Die Amerikaner waren noch vor den Russen in Amstetten, da ich ihnen im Kriegsgefangenen-

lager davon erzählt habe. Die auf Japan abgeworfenen Atombomben waren deutsche Bomben, die nur von den Amerikanern fertiggemacht wurden, insbesondere mit einem Fallschirm versehen (und besser federnd in einer Hülle mit größerem Durchmesser, wobei mir Abbildungen gezeigt wurden). Dies haben mir nach dem Kriege hohe Amerikaner zugegeben usw., auch vom CIC. Die weniger wirksamen Bikinibomben dürften die ersten rein amerikanischen Bomben gewesen sein.

Der Hauptgrund warum Smekal, Lachner und andere Physiker ursprünglich verschiedene, auch die Atombombe betreffende Probleme der Kernphysik nicht geheim hielten, war der, daß sie der Meinung waren, daß Atombomben als Kriegswaffe kaum jemals in Betracht kommen könnten, da beim Fronteinsatz wegen des radioaktiven Abfalls auch die eigenen Truppen in Gefahr kommen würden. Der Verfasser dachte schon lange vor dem Kriege, was er damals auch bekannt gab, die gewaltigen Sprengleistungen der Atombomben für Kanalbauten nutzbar zu machen, wobei in erster Linie an einen neuen, möglicherweise schleusenlos gebauten Panamakanal gedacht wurde.

Der Führer Adolf Hitler hat sich aber später über die Wissenschaftler, die voreilig Verschiedenes veröffentlichten (z. B. Smekal und der Verfasser in Vorträgen) sehr geärgert. Knapp vor und während des Krieges ist dann Verschiedenes auch durch Verrat an England und Amerika mitgeteilt worden. Hier hat die Meitner, die früher im Kaiser-Wilhelm-Institut bei Hahn war, eine gewisse, nicht gerade schöne Rolle gespielt. Wie später bekannt wurde, wollte Roosevelt ursprünglich nicht recht an Atombomben glauben. Erst als auch der von Meitner als Gutachter herangezogene Einstein mit Roosevelt sprach, begannen auch die Amerikaner eine Atombombenentwicklung nach dem deutschen Vorbild, die beschleunigt wurde, als bei Kriegsende deutsche Atombomben den Amerikanern in die Hände fielen. Über die genaue Zahl der fast ganz fertigen und halbfertigen Atombomben können keine sicheren Angaben gemacht werden. Wie ich hörte, sollten bei der Rundstedt-Offensive 15 Atombomben eingesetzt werden. Dann hörte ich aber nur mehr von der Zahl sechs. Drei scheinen sicher den Amerikanern in die Hände gefallen zu sein, wenn nicht mehr. Eine davon haben sie noch vor dem Einsatz der zwei in Japan erprobt. Eine ist schon vor dem Kriegsende bei uns explodiert und eine angeblich im Moor versunken. Eine haben die Russen in ihre Hände bekommen, so daß also die Zahl sechs ein Minimum darstellt. Zum Teil sind die Informationen, die ich erhielt, absolut sicher. Und manches habe ich auch selbst gesehen.

In Wochenzeitungen, besonders in der Wochenschau, ist nach dem Kriege nicht immer ganz Richtiges veröffentlicht worden, über die Geheimwaffen der Deutschen Wehrmacht. Sehr ausführlich waren jedoch die Berichte über die Atomspionage in Amerika. Der Physiker Abel war seinerzeit übrigens in Wien, wo er von dem Atombombenproblem erfahren hat. Ebenso dürften der später unter seiner Leitung tätige Spion Grienglas von der Wiener Vorarbeit, die schon vor dem Krieg geleistet wurde, insbesondere von meiner Konstruktion erfahren haben. Bei seiner Aussage vor Gericht hat er nämlich eine, allerdings ungenaue, Beschreibung meiner Konstruktion gegeben und gesagt, daß ihm diese schon vor dem Kriege bekannt war. Vielleicht hat er nicht alles verstanden. Er sagte auch etwas von linsenförmigen Uranstücken, die die Amerikaner benützten, was er spionierte.

Nach dem Kriege bekam ich viele überraschende Besuche von Angehörigen der Siegermächte, besonders Geheimdienstleuten, Militärs und Wissenschaftlern, wobei ich öfter als Erfinder der Atombombe bezeichnet wurde. Wenn dies auch übertrieben ist, da ja Hasenöhrl bereits eine Atombombe befürchtete, so habe ich doch eine Konstruktionsmöglichkeit gefunden, besonders für eine betriebssichere Lösung. Auch von Engländern bekam ich Besuche. Ich war anscheinend eine Zeit Schauobjekt, da auch Reporter und andere Neugierige kamen (sogar die Klatschtante Maxwell und die amerikanische Reporterin Hedda Hopper), über deren Art ich mich eher amüsierte als ärgerte. Ich wollte den meisten dieser Leute nicht alles zugeben.

Dies ist also etwas aus der Geschichte der Atombombe und was sich am Rande damit ereignete. Es sei hier noch erwähnt, daß die Deutsche Wehrmacht auch an der Entwicklung eines Atomantriebes besonders für U-Boote gearbeitet hat, der aber nicht mehr zum Einsatz kam.
gez. Prof. Phys.-Ing. Friedrich Lachner[44]

Da sich der Autor in dem hier vorliegenden Buch in erster Linie mit den Ereignissen während des Dritten Reiches im Bereich des Gebietes „AWO" in Thüringen beschäftigt, würde eine Fortführung des Themenkomplexes deutsche Atombombe hier zu weit führen. Allen interessierten Lesern sei dazu das Buch „Hitlers Bombe – Die geheime Geschichte der deutschen Kernwaffenversuche" von Rainer Karlsch empfohlen. Im Folgenden soll jedoch auf die Thematik der Kernwaffenforschung im „AWO" eingegangen werden.
Im Sommer 1944 kam der Krieg endgültig nach Deutschland zurück. Längst hatten die Alliierten die Luftherrschaft übernommen und bombardierten fast täglich die größeren Städte des Landes. Unter diesen Umständen war an ein wissenschaftliches Arbeiten nicht mehr zu denken. Bereits ab Sommer 1943 begannen die zuständigen Stellen die Verlagerung von luftgefährdeten wissenschaftlichen Einrichtungen vorzubereiten. Von der anhaltenden Bedrohung durch feindliche Flugzeugstaffeln war auch der „Uranverein" mit seinen verschiedenen Forschungsgruppen betroffen. Daher begann man im Frühjahr 1944 mit der Verlagerung der Labore in ländlichere Gegenden. Werner Heisenberg zog mit seinen Mitarbeitern und der gesamten Laboreinrichtung nach Hechingen im Land Württemberg. Die Forschungsgruppe des Kaiser-Wilhelm-Instituts für Chemie um Otto Hahn ging ins benachbarte Tailfingen. Für die zehnköpfige Wissenschaftlergruppe um Kurt Diebner wurde in der Schule von Stadtilm in Thüringen ein Labor eingerichtet. Da Stadtilm im „AWO" lag, sind das Labor und die wissenschaftlichen Experimente von Kurt Diebner für die hier angestellten Betrachtungen von vorrangiger Bedeutung.
Bevor näher auf die wissenschaftlichen Einrichtungen in Stadtilm eingegangen wird, soll der ortsansässige Klempnermeister Gerhard Rundnagel zu Wort kommen, der für die Klempner- und Installationsarbeiten im Labor zuständig war:

Es war Anfang Juli 1944 als mich der Gemeindebote zu Bürgermeister Häberlein beorderte. Dort fielen mir zwei elegante Herren auf, die einen Kopf größer waren als ihre Umgebung. Sie stellten sich als Offiziere vom Sicherheitsdienst vor und sagten mir, ich hätte über alles, was ich sehe und tue, absolutes Stillschweigen zu wahren, sonst koste es mich den Kopf. Ich führte dann bis zum Schluß die laufenden Klempner- und Installationsarbeiten aus. Ich hatte vor allem mit Dr. Rehbein und Ingenieur Rackwitz zu tun, mit denen ich in eine Art Vertrauensverhältnis kam.

Es war so am 7., nein am 9. Juli, als mir Dr. Rehbein sagte: ‚Rundnagel, nun hören Sie mal ganz genau Nachrichten, innerhalb von ein paar Tagen werden Sie eine entscheidende Meldung hören, von der abhängt, wie der Krieg ausgeht.' … Am 20. Juli war dann das Attentat auf Hitler. Als ich Rehbein fragte, ob er das gemeint habe, lachte er nur und sagte: ‚Jetzt kommt sie nicht mehr zum Einsatz, der Krieg ist verloren.' Ich unterhielt mich öfters mit ihm darüber, was hier eigentlich gemacht werde; denn nach Arbeit sah das alles wirklich nicht aus. Da erzählte er mir, daß hier etwas entwickelt werde, das eine größere Sprengkraft habe als all das, was ich mir als alter Pionier vorstellen könne. Mit einer einzigen Bombe könne man im Umkreis von zwanzig Kilometern alles Leben vernichten, und wenn es hunderttausend Mann wären. Ich antwortete, das sei doch Quatsch, mir altem Soldaten könne er so was nicht vormachen, das gebe es nicht. Ein bißchen kenne ich mich wirklich mit Sprengstoffen aus. Rehbein lächelte nur und sagte, die ganze Bombe sei nur ein paar Dezimeter groß, wiege aber so um die acht Kilo. Als ich ihn fragte, ob ich das Ding mal sehen könnte, winkte er ab: ‚Das könnte uns beide den Kopf kosten.'[45]

In Stadtilm fand die Arbeitsgruppe Diebner günstige Voraussetzungen vor. Abseits der großen Ballungsgebiete von Deutschland gelegen, war Stadtilm eine kriegsunwichtige Kleinstadt, die ungestörte Forschungsarbeit garantierte. Die Schule bot genügend Platz für die benötigten Labore und der dazugehörige Keller war groß genug, um das benötigte Material zu lagern. Im Schulgebäude und einer angrenzenden Lagerhalle wurden Labore, Büros und eine Werkstatt eingerichtet. Nach und nach traf die Ausrüstung aus Berlin ein, so dass Diebner und seine Wissenschaftler weiter ihren Forschungen an der Atombombe nachgehen konnten.
Um eine ungefähre Vorstellung über die Arbeit des „Uranvereins" im selbstgewählten „Exil" kurz vor Kriegsende zu bekommen, soll nun der beteiligte Prof. Dr. Ernst Stuhlinger zu Wort kommen:

Später (ich glaube, im Januar 1945) mußten wir weiter nach Südosten umziehen, da die alliierten Truppen im Westen gegen Kassel vorrückten. Wir fanden eine neue Bleibe mit notdürftigen Arbeitsplätzen in Ilmenau. Unsere Geräte, Prüfplätze, Instrumente und Werkzeuge wurden auf Lastwagen transportiert. Das Wiedereinrichten in Ilmenau ging sehr langsam vonstatten, einmal wegen des totalen Mangels an Hilfskräften, Werkzeugen, Material und anderer lokaler Unterstützung, und zweitens wegen der häufigen Luftangriffe. Verbindung mit meinen vorgesetzten Stellen war nahezu unmöglich geworden; auch hatten wir keine Möglichkeit mehr, unsere fertig gebauten und geprüften Geräte irgendwohin zu schicken, wo sie hätten gebraucht werden können.

Die Aussichtslosigkeit unserer Situation und unserer Arbeit war offenkundig, und doch arbeiteten wir weiter, so gut es ging – wohl einfach aus dem Bedürfnis heraus, eine begonnene Arbeit nicht aufzugeben. Im Februar und März (ich habe den Zeitablauf nicht mehr in klarer Erinnerung) begannen einige meiner Mitarbeiter zu verschwinden, sie hatten den verständlichen Wunsch, nach ihren Familien im Westen zu sehen, die damals von den vorrückenden alliierten Truppen überrannt worden waren.

Während meine Gruppe versuchte, sich in Ilmenau einzurichten, arbeitete eine Gruppe von Kernphysikern in dem benachbarten Stadtilm, wie ich auf einer Dienstreise nach Berlin erfahren hatte. Unter ihnen waren verschiedene meiner alten Kollegen von der Berliner Technischen Hochschule, darunter Dr. Otto Haxel, Dr. Helmut Volz, Dr. Luise Schützmeister und Dr. Erika Leimert.

Eines Sonntags fuhr ich mit dem Fahrrad auf einen kurzen Besuch nach Stadtilm. ‚Falls du aus Ilmenau heraus mußt, können wir dich in unserem Schulungsgebäude unterbringen', sagten meine Kollegen. Tatsächlich war es im März oder April soweit. Mit meinen verbliebenen Mitarbeitern verlud ich unsere gesamten Geräte und technischen Einrichtungen wieder auf Lastwagen für den Transport in ein Schulgebäude von Stadtilm. Ich fand Unterkunft in einem mehrstöckigen Gebäude der Stadt, doch ich weiß keine Einzelheiten mehr über Besitzer, Mitbewohner und andere Umstände. Man lebte in jenen Tagen in zwei Welten: Die eine Welt war die tägliche, fast stündliche Sorge um das Überleben gegen Hunger und Krieg, die andere war ein tiefes

Nachdenken über Zusammenbruch und Wiederaufbau, über Mitschuld und totale Machtlosigkeit, über die unbegreiflichen und grausamen Exzesse unserer politischen Führer, über die Last der Schuld, die von wenigen begangen wurde und von allen mitgetragen werden mußte, über die Möglichkeiten, nach dem endgültigen Debakel wieder den Weg in die ‚Familie der Nationen' zu finden, und immer wieder die Frage: ‚Wie konnte es je soweit kommen?'[46]

Um den vorrückenden amerikanischen Truppen zu entgehen, setzten sich Kurt Diebner und sein Mitarbeiterstab nach Bayern ab. Am 12. April 1945 besetzten amerikanische Soldaten das Atomlabor in Stadtilm, wo diesen neben zurückgelassener Laboreinrichtung und wichtigen Unterlagen auch radioaktives Material in die Hände fiel. Nur wenig später, am 25. April 1945, wurde auch das Labor von Werner Heisenberg in Haigerloch besetzt. Nur vier Tage später verlas der amerikanische Präsident Harry S. Truman ein Memorandum, in dem es unter anderem hieß: „Im Laufe der nächsten 4 Monate werden wir mit aller Wahrscheinlichkeit die schrecklichste Waffe fertigstellen, die die Menschheit in ihrer Geschichte je gekannt hat. Eine Waffe, die es ermöglichen könnte, mit einer Bombe eine ganze Stadt zu zerstören."[47]

Zweifelsohne war mit dieser Aussage die Atombombe gemeint. Tatsächlich zündete das amerikanische Militär am 16. Juli 1945 die erste Atombombe. Seit 1942 hatten amerikanische Wissenschaftler unter Leitung von Robert Oppenheimer im Rahmen des sogenannten Manhattan-Projekts an der Entwicklung der Atombombe gearbeitet. Obwohl gewisse Teilerfolge erzielt wurden, war es bis zum Frühjahr 1945 nicht gelungen, eine funktionstüchtige Kernwaffe zu bauen. Just drei Monate nach Beschlagnahmung der deutschen Forschungsunterlagen und technischen Gerätschaften nebst vorhandenem nuklearen Material wurde die erste Atombombe in der Wüste von New Mexico gezündet. Soll das ein Zufall sein? Robert Oppenheimer gilt heute als der „Vater" der Atombombe. Im Folgenden werden Zeugenaussagen und Informationen zu lesen sein, die den möglichen Schluss zulassen, dass die erste funktionstüchtige Atombombe in Deutschland entwickelt wurde.

Das Autorenduo Mayer/Mehner erhielt im Jahr 2000 mehrere Briefe von einem Herrn David Hans Hoffmann alias Hans Rittermann. Jener Herr gab an, unter erstgenanntem Namen heute in Isräl zu leben. In seinen insgesamt drei Briefen beteuerte er, unter dem Namen Hans Rittermann als Sonderbeauftragter der Reichspost und des OKW für Sonderbauvorhaben in Thüringen tätig gewesen zu sein. Aus seinen Formulierungen ging hervor, dass er an diversen Bauvorhaben des Geheimobjekts „Olga" beteiligt und in die Vorhaben der Reichsregierung eingeweiht gewesen war. Laut der Angaben von Rittermann sei dessen Schweigepflicht mittlerweile abgelaufen und er wolle vor seinem Tod noch zur Aufklärung der Ereignisse zum Ende des Zweiten Weltkrieges in Thüringen beitragen. Aus den detaillierten Informationen, die Rittermann lieferte, war für Mayer/Mehner ersichtlich, dass der Mann tatsächlich ein Geheimnisträger des Dritten Reiches war. Um ganz sicher zu gehen, recherchierten die Autoren und konnten tatsächlich Hinweise auf einen Hans Rittermann finden, der zur bewussten Zeit in Arnstadt tätig gewesen war. So fanden sich in Archiven mehrere Schreiben der SED-Parteileitung der DDR, die sich mit der Person Hans Rittermann beschäftigten.
Den gesamten Wortlaut der Briefe von Hans Rittermann wiederzugeben, würde den Rahmen der hier vorliegenden Veröffentlichung sprengen. Daher sollen im Folgenden nur jene Passagen wiedergegeben werden, die das möglicherweise im Geheimobjekt „Olga" durchgeführte Atomprogramm betreffen:

Am 04.03.1945 war […] auch bei einem Erstversuch der neuen Technologie im Raum Röhrensee dabei. Bei diesem Versuch sind ca. 200-300 Häftlinge ums Leben gekommen, ca. 150-250 hatten schwere Verletzungen. Auch sind zwei hohe SS-Leute und drei Techniker mit ums Leben gekommen. Wahrscheinlich war es die erste Zündung einer Atomwaffe. …
Der Haupttest fand am 04.03.45 in der Nähe von Röhrensee gegen 21.30 Uhr statt. Die Helligkeit war sehr zu sehen, und viele Einwohner waren sehr ängstlich. Gesagt wurde, daß für die Luftwaffe eine neue Bodenbeleuchtung erprobt würde.

Man muß bedenken, Prof. Gerlach als Physiker mit dem Hauptgebiet Magnetismus arbeitete am Zyklon für die Reichspost, dabei wurde er vom Vorsit-

zenden des Forschungsrates der Reichspost, von Ardenne, unterstützt. Also können Sie ersehen, warum die Reichspost schon 1936 hier tätig war mit den Ämtern 10 und 8. So ist klar, daß beide Labore, das eine von Prof. Ohnesorge und das eine von Dr. Diebner, voll arbeiten konnten.

Diebner führte mit einem Stab, der aus Dr. Karl Wirtz, Dr. Berkei, Dr. Otto Haxel, Dr. Rackwitz, Dr. Volz, Dr. Luise Schützmeister und Dr. Erika Leimert sowie Prof. Dr. Stuhlinger, einem Mitarbeiter von von Braun, bestand, den Haupttest am 04.03.1945 durch. Dabei war auch der gesamte Forschungsrat der Reichspost. Als der Versuch bereits durchgeführt war, fand das Treffen mit Heisenberg in Stadtilm am 12.03.1945 statt, bei dem Heisenberg für den Versuch B VIII in seinem Labor Haigerloch das Schwere Wasser beanspruchte. Er wurde dabei von Carl Friedrich von Weizsäcker unterstützt. Dr. Diebner gab das sogenannte ‚Berliner Material' ab, er brauchte es ja nicht mehr. Er war auf seiner Strecke mit der Wachswürfeltechnik ja erfolgreich bei der ersten großen Zündung.

Wachsenburg Holzhausen, 1898

Die Arbeit zur Strahlenwaffe hatte eigentlich Dr. Diebner am 2. Juli 1944 abgeschlossen, jedoch war man sich unter den Wissenschaftlern nicht einig, was der Führer dazu sagen wird. Rüstungsminister Speer sagte dazu ein klares ‚Nein', was die Information des Führers anbetraf. Übrigens erhielten Dr. Berkei und Dr. Schulz beim Versuch eine Verstrahlung, worunter sie jahrelang zu leiden hatten. Welche Rolle dabei der Berliner Seuffert spielte, kann ich auch heute noch nicht sagen. Seuffert arbeitete für den Forschungsrat, für die SS und auch direkt für Kammler und war auch mit den Japanern und großen Konzernen im Objekt. Er hatte alle Freiheiten, Genehmigungen und auch eine ständige Verbindung zu Speer.

Für die Anlage, nicht für das Jonastal, waren Postbaurat Kasper, Ober-Ing. Mühlheim, Dr. Seuffert und Oberst Streve sowie Dr. Diebner und ab 1944 SS-Kammler verantwortlich. …[48]

Aus den Briefen von Hans Rittermann geht ziemlich eindeutig hervor, dass im Geheimobjekt „Olga" und dem Bereich „AWO" unter Aufsicht der SS an der deutschen Atombombe gearbeitet wurde. Die genannten Personen waren alle in die Atomforschung involviert. Besonders interessant ist der vermeintliche Kernwaffentest am 4. März 1945, da auch weitere Zeitzeugen von diesem Test berichteten. Darunter auch Cläre Werner, die Burgwartin der Wachsenburg. In ihrer das Thema betreffenden Aussage sprach Frau Werner auch über Hans Rittermann, der also tatsächlich in das Atomprogramm im „AWO" eingebunden war. Die folgende Aussage machte Cläre Werner im Rahmen einer Befragung von Zeitzeugen zu Ereignissen der örtlichen Geschichte durch eine Arbeitsgruppe der SED-Kreisleitung am 16. Mai 1962:

… Ich hatte nichts mit Herrn Rittermann, er war ein guter Freund der Familie und war oft sonntags zum Kaffee bei uns. Hans war bei der Stadt im Bauamt tätig und trug nie eine Uniform, auch keine der SS. Er hatte immer einen Anzug an und war mit seinem Fahrrad hier, nie im Auto. Er hat uns auch nach 1945 geholfen, konnte uns aber nicht gegenüber von Schörnig und Querengesser helfen, als sie das Museum klein machten. Er half uns mit einigen russischen Armisten beim Neuaufbau der Restsammlung. Auch war

er oft mit dem Oberstleutnant Martemjanow, Hermann Steudner, Leutnant Kajanow, Artur Kott und Seifferth zur Beratung bzw. [zum] Kaffee bei uns auf der Burg. …

… Ich kann mich noch gut an den Tag erinnern. Es war der 4. März 1945. Für den Tag hatten wir eine Geburtstagsfeier für den Abend, diese wurde aber kurzfristig abgesagt. Am Nachmittag war der BDM von Gotha auf der Burg. Hans war auch da und half uns noch, dann sagte er uns, daß heute auf dem Platz Weltgeschichte geschrieben wird. Es wird etwas gemacht, was es auf der Welt noch nicht gegeben hat. Wir sollen am Abend auf den Turm gehen und in Richtung Röhrensee schauen. Er wisse auch nicht, wie das neue Ding aussehen wird. So waren wir ab 20 Uhr auf dem Turm. Nach 21 Uhr, gegen halb Zehn, war hinter Röhrensee mit einmal eine Helligkeit wie Hunderte von Blitzen, innen war es rot und außen war es gelb, man hätte die Zeitung lesen können. Es war alles sehr kurz, und wir konnten dann alle nichts sehen, wir merkten nur, daß es eine mächtige Sturmbö gab, aber dann alles ruhig war. Ich wie auch viele Einwohner von Röhrensee, Holzhausen, Mühlberg, Wechmar und Bittstädt hatten am anderen Tag oft Nasenbluten, Kopfschmerzen und auch einen Druck auf den Ohren. Am Nachmittag, gegen 14 Uhr, waren so zwischen 100 und 150 SS-Leute auf einmal auf der Burg, sie fragten, wo die Leichen seien, wo sie hingebracht worden seien und wer schon da war. Wir wußten von nichts, und sie fragten uns, ob sie hier im ‚Objekt Burg' seien. Ich sagte ihnen, sie seien hier auf der Veste Wachsenburg, die im Volk immer nur als Burg bezeichnet wird. Ein Kradfahrer gab eine Meldung ab, daß die ‚Burg' über Ringshof zu erreichen wäre. Daraufhin fuhren die Autos von der Burg nach Mühlberg. Ich sah vom Turm, daß sie dann zum Übungsplatz fuhren.

Bei der zweiten Explosion war Hans mit einigen Leuten auf dem Turm, wir waren nur im Turmzimmer. Es war am 12. März 1945 gegen 22.15 Uhr. Es war nicht eine so große Helligkeit wie das erste Mal. Auch hatten wir kein Nasenbluten usw.

Für die Ortschaften und auch für uns hat es damals bereits um 21 Uhr Fliegeralarm gegeben, und dieser ging bis 23.11 Uhr. Hans war mit den Leuten die ganze Nacht noch auf der Burg. Über was sie sprachen, kann ich nicht sagen. Auch hatte er uns verboten, etwas über die Blitze zu sagen.

Woher die Leute kamen, kann ich nicht sagen, da sie aber alle Hans kannten, müssen sie von der Reichspost und dem Reichsforschungsrat gewesen sein.

Atomkeller-Museum in Haigerloch

Sie hatten keine Uniformen an, und nur wenige hatten das Parteiabzeichen am Rock. Was mich sehr gewundert hat, war: Am Morgen haben Hans und ein Freund alle Gläser selbst abgewaschen, und die Raucherreste nahmen sie in Tüten mit. Hans sagte, man kann ja nicht wissen.

Am 16. März 1945 war ein weiteres Ereignis. Auch hier gab es gegen 21 Uhr Fliegeralarm für unser Gebiet. Hans war dazu wieder mit einigen Freunden auf dem großen Turm, auch wir konnten mit hoch. Diesmal hatten die Leute Ferngläser mit, und es wurde nicht in Richtung des Übungsplatzes gesehen, sondern in Richtung Ichtershausen. Dort wurde es gegen 23 Uhr sehr hell, es war aber nicht so wie die beiden ersten Male davor, sondern es stieg etwas gegen den Himmel mit einem großen Feuerschweif, es ging immer höher, aber es entfernte sich von uns in Richtung Norden. Die Leute fielen sich in die Arme, wir haben es, hurra, wir sind die Größten, wir sind unbesiegbar usw. Die ca. 15 Leute feierten bis zum Morgen.

Blick in den unteren Teil des Atomreaktor-Modells

Hans verbot uns wieder alles Gesehene und sagte nur: ‚Wir waren bei einer weiteren Sache dabei, die in der Welt einmalig ist und in jedem Geschichtsbuch stehen wird.‘ [49]

Mit ihrer Aussage bestätigte Frau Werner den von Hans Rittermann erwähnten Kernwaffentest auf dem TÜP Ohrdruf am 4. März 1945. Ob es sich beim zweiten von Cläre Werner erwähnten Test am 12. März 1945 ebenfalls um die Erprobung einer Atombombe handelte, kann nicht mit Gewissheit behauptet werden. Beim Test am 16. März 1945 handelte es sich mit ziemlicher Sicherheit um die Erprobung der Interkontinentalrakete A-9/A-10, auch als „Amerika-Rakete" bekannt. Den Abschuss solch einer Rakete am 16. März 1945 bestätigt auch der Luftwaffenoffizier Hans von Jacobi, der im Abschnitt „Geheimobjekt Olga – Eine Bestandsaufnahme" zitiert wurde.
Bei seinen Recherchen stieß der Autor auf weitere Zeugenaussagen, die auf den vermeintlichen Kernwaffentest am 4. März 1945 auf dem Truppenübungsplatz Ohrdruf hinweisen. Darunter die Aussage des zeitweilig in der Polte 2 stationierten Oberleutnants, der ebenfalls bereits im Abschnitt „Geheimobjekt Olga – Eine Bestandsaufnahme" zu Wort kam und aus persönlichen Gründen nicht namentlich genannt werden möchte. In der Fortsetzung seines Berichtes gibt er zum vermeintlichen Kernwaffentest auf dem TÜP Ohrdruf folgende Informationen:

Ab dem 2. März 1945 wurde die höchste Alarmstufe ausgerufen, d. h. die Häftlinge und freien Arbeiter verblieben in ihren Quartieren und vor unseren stand ein SS-Posten, welcher jedes Mal unsere Sonderausweise kontrollierte und nach dem Wohin fragte. Am Abend des 3. März mußten wir mit einer kleinen Maschine vom Feldflugplatz nach Stadtilm fliegen. Dort wurde uns von der SS ein Behälter übergeben, welchen wir zum Feldflugplatz Eichfeld bringen mussten. Bevor der Behälter in unsere Maschine geladen wurde, mußten wir Vollschutz anlegen. Auch die SS trug Vollschutz. Auf dem Feldflugplatz Eichfeld wurde der Behälter, welcher ca 1 x 1 x 2 Meter groß war, von der SS abgeholt. Ich sah, daß in einem sicheren Abstand Kammler und Diebner mit einigen Leuten standen. Wir mußten nach der Rückkehr unser gesamtes Flugzeug waschen, und dabei durften wir den Schutz nicht ablegen. Was dann an den folgenden Tagen auf dem Truppenübungsplatz los war, wissen wir nicht. Nur am 6. März 1945 mußten wir für vier Tage unsere Unterkunft räumen. Sie wurde von der SS belegt, wobei wir feststellten, es waren alles SS-Ärzte bzw. SS-Sanitäter. Wir haben nur gehört, es habe eine große Anzahl von toten Häftlingen und auch von toten SS-Männern gegeben, sowie seien zahlreiche verletzt.[50]

Der Oberleutnant liefert uns hier wichtige Informationen. Der abgeholte Behälter erhielt, das lässt sich aus den Sicherheitsmaßnahmen schließen, wohl radioaktives Material. Drei Tage später mussten er und seine Kameraden ihre Quartiere zeitweilig räumen, da die SS extra Ärzte und Sanitäter auf den TÜP Ohrdruf beorderte. Zudem war die Rede von toten Häftlingen und SS-Leuten. In diesem Zeitraum liegt der vermeintliche Kernwaffentest am 4. März 1945. Die getätigten Aussagen können somit als Indizien für dessen tatsächliches Stattfinden gewertet werden.

Originalteile des Atomreaktors von Haigerloch

Ein ebenfalls in die Ereignisse vom Frühjahr 1945 im Bereich „AWO" involvierter Stollenbauingenieur, der nach dem Zweiten Weltkrieg in Argentinien lebte, hatte sich bereits 1999 per Brief an das Autorenduo Mayer/Mehner gewandt. Der bewusste Adolf Bernd Freier war in seiner Eigenschaft als Stollenbauingenieur nach eigenen Angaben aktiv am Bau des FHQ im Jonastal beteilig und auch mit den Mitarbeitern des Atomforschungsprogramms im „AWO" bekannt. Seinen detaillierten Angaben zufolge schenkten Mayer/Mehner dem Herrn Glauben und veröffentlichten

Modell des Atomreaktors von Haigerloch

Teile seiner Briefe im Jahr 2001 in ihrem Buch „Das Geheimnis der deutschen Atombombe".
Der für die Thematik der Atomforschung und Kernwaffentest im „AWO" relevante Teil soll an dieser Stelle wiedergegeben werden:

... Eigentlich war die A-Waffe als solche bereits am 2. Juli 1944 fertig. Jedoch waren sich die beiden Wissenschaftsgruppen von Berlin aus uneinig, wer den Forschungssieg trägt und was der Führer dazu sagt. Aus diesem Grund wurde auch in Stadtilm das Forschungs- und Meßlabor eingerichtet, welches Diebner führte. Eine eigentliche Versuchsfabrik war jedoch im Objekt ‚Burg' – dabei ließ er dort viele andere arbeiten, nur bei spez. Versuchen war er da. Vor manchen Versuchen war die Sicherheit für uns Deutsche und manchmal auch für einige japanische Gäste sehr hoch. Die Anlage wurde danach bis zu zwei Wochen von den Häftlingen gewaschen. War die Strahlungsgrenze

Originale Uranwürfel aus dem Forschungsprogramm von Werner Heisenberg

im Labor mit 50 Röntgen begrenzt, so war sie im Objekt (Bereich A-Anlage) 60. In der Anlage war die Strahlung so hoch, daß diese nicht mehr von den Häftlingen gemessen werden konnte. Viele Häftlinge starben an Dünnblut und Glasknochenschwäche (sie wurden von besonderen Ärzten behandelt; ob es Ärzte waren, ich möchte heute nein sagen).

Auch zwei Wissenschaftler, Breklein und Schulz, falls die Namen in meinem Gedächtnis richtig sind, waren verstrahlt. Sie waren bei einem Versuch nicht rechtzeitig aus der Anlage gekommen. Dabei wurden zwei Behälter mit dem Sprengstoff gefüllt. Der kleine Behälter wurde am 4. März 1945 als sog. kleine A-Waffe mit 100 g an einem 6 m hohen Gerüst gezündet. Es war ein Sekundenblitz mit einer einmaligen Wolke. Die Häftlinge im Umkreis von 500-600 m waren alle gestorben, ebenso vier von unseren Leuten. Im Umkreis gab es zahlreiche Häftlinge mit Verbrennungen. …[51]

Teile der ehemaligen Laborausrüstung.

Im Rahmen der bereits erwähnten Befragung von Zeitzeugen zu Ereignissen der örtlichen Geschichte durch die Arbeitsgruppe der SED-Kreisleitung im Jahr 1962 wurde auch die Aussage eines gewissen Heinz Wachsmut aufgenommen, der am 5. März 1945 an einer außergewöhnlichen „Aufräumaktion" auf dem TÜP Ohrdruf beteiligt war. Dazu konnte er Folgendes berichten:

... Durch Beziehungen zum Schachtbau Brüx gelangte ich 1944 im März erst nach Ohrdruf und dann nach Bittstädt. Teilweise waren wir auch auf dem Eichfeld untergebracht beim Feldflugplatz oder in der Bolide in Rudisleben, ebenfalls beim Feldflugplatz. Wir waren sechs Deutsche und hatten zur Hilfe 18 Häftlinge, darunter sieben Ungarn, fünf Polen und vier Russen; es waren alles Techniker, sie trugen keine Häftlingsanzüge, sondern Felddienst, und wurden auch mit uns verpflegt.

Unsere Hauptaufgabe war, Tarnungsarbeiten durchzuführen. An gelandeten Flugzeugen, an Objekten, an Transportgut, das nicht immer sofort eingelagert werden konnte, und auch zu Hilfsarbeiten [wurden wir eingesetzt], wenn zu viele Häftlinge verstorben waren. Dazu mußten wir dann oft Holzhaufen errichten, wo die Leichen dann daraufgelegt und angezündet wurden. Es gab keine Listen über die verstorbenen Häftlinge.

Ein Tag, der mir immer in meinem Leben Bilder vor den Augen macht, war der Nachmittag des 5. März 1945. Wir mußten in der Bolide Rudisleben Gerüste errichten für einen Versuch, der in wenigen Tagen stattfinden sollte.

Am Nachmittag fuhr die SS mit LKWs vor, eigentlich hatte uns die SS nichts zu sagen, da wir ja immer mit Sonderbefehlen arbeiteten, die immer die Stempel der Reichspost bzw. des Forschungsrates trugen und nach dem Lesen sofort vernichtet werden mußten. Es war ein Befehl, der die Unterschrift von Kammler trug. Wir mußten alles Holz, das verfügbar war, aufladen. Die Fahrt ging nach Röhrensee, dort waren einige SS-Ärzte tätig, da eine große Anzahl von Bewohnern Kopfschmerzen hatte und Blut spuckte. Wir waren dort falsch und wurden sofort nach Gut Ringhofen bei Mühlberg gebracht. Dort wurde uns gesagt, wir müssen Holzhaufen am Waldrand errichten, ca. 12 x 12 m und nur höchstens 1 m hoch, dazu mußten wir Vollschutz tragen, auch unsere Häftlinge.

Am Waldrand sahen wir schon einige Haufen von Menschenleichen, die wohl ehemalige Häftlinge waren. Die Menschen hatten alle absolut keine Haare mehr, teils fehlten Kleidungsteile, sie hatten aber auch zum Teil Hautblasen, Feuerblasen, nacktes rohes Fleisch, teilweise waren einige Teile nicht mehr vorhanden. SS und Häftlinge brachten die Leichen an.
Als wir die ersten sechs Haufen fertig hatten, wurden die Leichen darauf gelegt, je Haufen ca. 50 Stück, und Feuer gelegt. Wir wurden zurückgefahren. Im Gut mußten wir den Schutz und unsere gesamte Kleidung ausziehen. Diese wurde ebenfalls sofort von der SS angezündet, wir mußten uns waschen und erhielten neue Kleidung und neuen Schutz, dazu jeder eine Flasche Schnaps, auch unsere Häftlinge.

Ein hoher SS-Mann sagte mir, es habe da oben eine große Stichflamme gegeben gestern, man hat etwas Neues gemacht, davon wird die ganze Welt sprechen, und wir Deutschen sind die ersten. Leider sei dabei einiges nicht so gelaufen wie geplant und einige Nichtsnutze habe man weniger.

Beim 2. Einsatz wurden nochmals drei Haufen errichtet. Dabei sahen wir, wie aus dem Wald einige völlig unmenschliche Lebewesen angekrochen kamen. Wahrscheinlich konnten einige nichts mehr sehen. Ich kann es auch heute nicht beschreiben. Von zwei SS-Leuten wurden diese ca. zwölf bis fünfzehn Menschen sofort erschossen. Ob sie wirklich schon erschossen waren, kann ich nicht sagen, da einige doch noch den Mund bewegten. Sie wurden bzw. mußten von anderen Häftlingen auf die in Flammen stehenden Haufen getragen werden.

Wir wurden wieder zum Gut gebracht, und es wiederholte sich alles. Gegen 23 Uhr fuhren wir zurück zur Bolide. Am Waldrand waren 14 Feuerstellen zu sehen. Wir konnten an diesem und den nächsten Tagen nichts essen, es gab für uns und die Häftlinge immer wieder Schnaps. Einer unserer russischen Häftlinge sagte uns, er habe einen der Erschossenen noch verstanden,

... großer Blitz - Feuer, viele sofort tot, von der Erde weg, einfach nicht mehr da, viele mit großen Feuerwunden, viele blind ...[52]

Zusammenfassend kann gesagt werden, dass die sich betreffs des vermeintlichen Kernwaffenversuchs am 4. März 1945 auf dem TÜP Ohrdruf geäußerten Zeugenaussagen erstaunlich ähneln und dieser höchstwahrscheinlich tatsächlich stattgefunden hat. Auch wenn die orthodoxe Geschichtsschreibung eine funktionstüchtige deutsche Atombombe bis heute strikt bestreitet, besagen die Aussagen der Zeitzeugen etwas anderes. Speziell die zuletzt wiedergegebenen Informationen von Heinz Wachsmut lassen diesen Schluss zu. Eine Explosion, die Menschen spurlos verschwinden lässt, bei anderen grausame Verstümmelungen und Verletzungen hinterlässt, das lässt unweigerlich an die schrecklichen Ereignisse der Atombombenabwürfe auf Hiroshima und Nagasaki denken. Anzumerken sei an dieser Stelle noch einmal, dass der Autor hier keine Behauptungen oder zurechtgezimmerten Schlussfolgerungen aufstellt, sondern lediglich gesammelte Zeugenaussagen und Informationen wiedergibt.

Bei der am 4. März 1945 auf dem TÜP Ohrdruf gezündeten Kernwaffe soll es sich nur um eine „kleine" Bombe mit etwa 100 Gramm nuklearem Material gehandelt haben. Kritiker halten dagegen, dass die sogenannte kritische Masse für eine funktionstüchtige Atombombe um ein Vielfaches höher liegt. Da der Autor kein Physiker oder ähnlich gearteter Wissenschaftler ist, möchte er sich diesbezüglich kein Urteil erlauben. Recherchen ergaben jedoch, dass verschiedene Wissenschaftler der Ansicht sind, dass die Herstellung einer solchen „kleinen" Atombombe mit der entsprechenden technischen Ausrüstung durchaus möglich ist.

In der Ausgabe 42/1949 des Spiegels erschien ein bemerkenswerter Artikel über die russische Atombombenforschung. Darin kam auch der deutsche Physiker Robert Tellmann zu Wort, der 1943 in russische Kriegsgefangenschaft geriet und auf Grund seiner beruflichen Erfahrung vom russischen Militär rekrutiert wurde. Im Bezug auf die Möglichkeit, eine Atombombe mit geringem nuklearem Material zur Detonation zu bringen, ist seine folgende Aussage von unschätzbarem Wert:

Es war Anfang Mai 1948, als die Russen ihren ersten Atombomben-Abwurf auf der Halbinsel Wanghyschlak am Kaspischen Meer versuchten. Die Marschälle Woronin und Timoschenko, die Generale Diakonow und Efremow gehörten der Kommission an, die dem Versuch beizuwohnen hatte. Auch Tellmann war befohlen.

Die Russen hatten alle nur denkbaren Vorsichtsmaßnahmen getroffen. Vor allem wollten sie vermeiden, daß die Explosion von den sehr genauen Registrierapparaten des amerikanischen Geheimdienstes irgendwo aufgenommen werden könnte. Das war auch der Grund, warum die Probebombe nur 150 Gramm eigentlichen Atomexplosivstoffs enthielt.[53]

Abschließend sei gesagt, dass die berechtigte Annahme besteht, dass Deutschland zum Ende des Zweiten Weltkrieges in der Lage war, eine Atombombe zu bauen. Glücklicherweise kam die Kernwaffenforschung nicht mehr zur Serienreife und damit zum Einsatz, was nur zur Verlängerung des Krieges und zum Tod weiterer unzähliger Menschen geführt hätte.

Schlussbetrachtung

Auch wenn von offizieller Seite ein großangelegter, größtenteils unterirdisch angelegter Militärkomplex im Bereich „AWO" seit jeher geleugnet wird, scheinen die Aussagen der hier zu Wort gekommenen Zeitzeugen auf die Existenz solch eines Komplexes hinzudeuten. Es gibt keinen Grund, speziell an den Aussagen der Häftlinge aus den Konzentrationslagern zu zweifeln. Welchen Grund sollten diese geschundenen Menschen haben, das Erbe der Nationalsozialisten zu glorifizieren? Es wäre im Gegenteil ein Frevel, ihren Worten keinen Glauben zu schenken.

Eine aktive Forschung im Bereich des TÜP „Ohrdruf" und dem Jonastal ist leider nicht möglich, da das Gelände bis heute militärisches Sperrgebiet ist. Der Leser muss sich also auf die Aussagen der Beteiligten verlassen. Autor Mike Vogler hofft, mit seinem Buch einen kleinen Beitrag dazu zu leisten, dass dieser Teil der Geschichte nicht gänzlich in Vergessenheit gerät.

Mike Vogler

Mike Vogler wurde 1970 in Dresden geboren und lebt heute mit seiner Frau im Stadtteil Dresden-Klotzsche. Schon seit früher Jugend beschäftigt sich Mike Vogler mit historischen und grenzwissenschaftlichen Themen. Neben dem Heiligen Gral sind Geschichte und Mythologie unserer germanischen Vorfahren seine bevorzugten Forschungsgebiete. Als Ergebnis dieser Forschungen sind mehrere Bücher erschienen. Weiterhin beschäftigt er sich mit der historischen Aufarbeitung von Mythen und Legenden, die in „Düstere Legenden" und „Legenden des Grauens" beschrieben wurden. Auch das legendäre Bernsteinzimmer ist Thema eines seiner Bücher.
Besuchen Sie den Autor auf seiner Webseite **mike-vogler.bplaced.de**

Literaturverzeichnis

Die grau hinterlegten Zitate wurden mit freundlicher Genehmigung aus den folgenden Veröffentlichungen entnommen. Verlag und Jahr beziehen sich auf die jeweils vom Autor verwendete Ausgabe; soweit bekannt, steht das Erscheinungsjahr der Originalausgabe in Klammern.

Bücher

Agosten, Tom

„Teufel oder Technokrat", Nikol Verlag / 1993

Brunzel, Ulrich

„Hitlers Geheimobjekte in Thüringen", Heinrich-Jung-Verlagsgesellschaft Zella-Mehlis GmbH / 1997

Fäht, Harald

„1945 – Thüringens Manhatten Projekt", CTT Verlag / 1998

„Geheime Kommandosache-S III Jonastal und die Siegeswaffenproduktion", CTT Verlag / 1999

Karlsch, Rainer

„Hitlers Bombe", Deutsche Verlags-Anstalt / 2005

Leffler, Dankmar

„Muna Crawinkel", Eigenverlag / 2018

Mayer, Edgar/ Mehner, Thomas

„Das Geheimnis der deutschen Atombombe", Jochen Kopp Verlag / 2003 (2001)

„Die Atombombe und das Dritte Reich", Jochen Kopp Verlag / 2004 (2002)

„Geheime Reichssache: Thüringen und die deutsche Atombombe", Jochen Kopp Verlag / 2004

Remdt, Gerhardt / Wermusch, Günter

„Rätsel Jonastal", Heinrich-Jung-Verlagsgesellschaft Zella-Mehlis GmbH / 2003 (1992)

Schambach, Klaus-Peter

„Tatort Jonastal", Heinrich-Jung-Verlagsgesellschaft Zella-Mehlis GmbH / 2011 (2010)

von Schwarzenbeck, Gerulf

„Verschwörung Jonastal", Kopp Verlag / 2007 (2005)

Artikel

Schulz, Sebastian

„Amt 10 hatte einen Vorgänger" / „Was bedeutet eigentlich Amt 10", „Geheimnis Jonastal" / Ausgabe 2007 Hrgb. GTGJ

Oberst Kortunow

Bericht vom 09.02.1946 „Geheimnis Jonastal"/ Ausgabe 2005 Hrgb. GTGJ ATOM

„Wir haben Beweise", „Der Spiegel" / Ausgabe 42/1949

Internet

www.gtgj.de

Bericht Häftling Leon Kolenda / Zugriff am 30.10.2018

Endnoten

1 Zitat übernommen aus: Gerhard Remdt/ Günther Wermusch „Rätsel Jonastal“

2 Zitat übernommen aus: Gerhard Remdt/ Günther Wermusch „Rätsel Jonastal“

3 Zitat entnommen aus: Dankmar Leffler „Muna Crawinkel“

4 Zitat entnommen aus: Dankmar Leffler „Muna Crawinkel“

5 Zitat entnommen aus: Dankmar Leffler „Muna Crawinkel“

6 Zitat entnommen aus: Hrsg. GTGJ e.V. „Geheimnis Jonastal“ Ausgabe 2005

7 Zitat übernommen aus: Ulrich Brunzel „Hitlers Geheimobjekte in Thüringen“/1997

8 Zitat/Auszüge entnommen aus: Klaus-Peter Schambach „Tatort Jonastal.

9 Zitat entnommen aus: Remdt/ Wermusch „Rätsel Jonastal“

10 Zitat entnommen aus: Remdt/ Wermusch „Rätsel Jonastal“

11 Zitat entnommen aus: Remdt/ Wermusch „Rätsel Jonastal“

12 Zitat entnommen aus: Remdt/ Wermusch „Rätsel Jonastal“

13 Zitat entnommen aus: Remdt/ Wermusch „Rätsel Jonastal“

14 Zitat entnommen aus: Remdt/ Wermusch „Rätsel Jonastal“

15 Zitat entnommen aus: Klaus-Peter Schambach „Tatort Jonastal“

16 Zitat entnommen aus: Edgar Meyer/ Thomas Mehner „Die Atombombe und das Dritte Reich“

17 Zitat entnommen aus: Klaus-Peter Schambach „Tatort Jonastal“

18 Zitat entnommen aus: Klaus-Peter Schambach „Tatort Jonastal“

19 Zitat entnommen aus: Webseite www.gtgj.de Zugriff am 30.10.2018

20 Zitat entnommen aus: Klaus-Peter Schambach „Tatort Jonastal“

21 Zitat entnommen aus: Gerhard Remdt/ Günther Wermusch „Rätsel Jonastal“

22 Zitat entnommen aus: Klaus-Peter Schambach „Tatort Jonastal“

23 Zitat entnommen aus: Klaus-Peter Schambach „Tatort Jonastal“

24 Zitat entnommen aus: Gerhard Remdt/ Günther Wermusch „Rätsel Jonastal“

25 Zitat entnommen aus: Gerhard Remdt/ Günther Wermusch „Rätsel Jonastal“

26 Zitat entnommen aus: Gerhard Remdt/ Günther Wermusch „Rätsel Jonastal“

27 Zitat entnommen aus: Klaus-Peter Schambach „Tatort Jonastal“

28 Zitat entnommen aus: Klaus-Peter Schambach „Tatort Jonastal“

29 Zitat entnommen aus: Klaus-Peter Schambach „Tatort Jonastal“

30 Zitat entnommen aus: Harald Fäht „1945-Thüringens Manhattan Projekt“

31 Zitat entnommen aus: Harald Fäht „1945-Thüringens Manhattan Projekt“

32 Zitat entnommen aus: Harald Fäht „1945-Thüringens Manhattan Projekt“

33 Zitat entnommen aus: Harald Fäht „1945-Thüringens Manhattan Projekt“

34 Zitat entnommen aus: Harald Fäht „1945-Thüringens Manhattan Projekt“

35 Zitat entnommen aus: Gerhard Remdt/ Günther Wermusch „Rätsel Jonastal“

36 Zitat entnommen aus: Gerhard Remdt/ Günther Wermusch „Rätsel Jonastal“

37 Zitat entnommen aus: Gerhard Remdt/ Günther Wermusch „Rätsel Jonastal“

38 Zitat entnommen aus: Gerulf von Schwarzenbeck „Verschwörung Jonastal“

39 Zitat entnommen aus: Gerulf von Schwarzenbeck „Verschwörung Jonastal“

40 Zitat entnommen aus: Gerulf von Schwarzenbeck „Verschwörung Jonastal“

41 Zitat entnommen aus: Gerulf von Schwarzenbeck „Verschwörung Jonastal“

42 Zitat entnommen aus. Harald Fäht „Geheime Kommandosache-S III Jonastal und die Siegwaffenproduktion“

43 Zitat entnommen aus: Rainer Karlsch „Hitlers Bombe“

44 Zitat entnommen aus: Edgar Mayer/ Thomas Mehner „Das Geheimnis der deutschen Atombombe“

45 Zitat entnommen: Gerhard Remdt/ Günter Wermusch „Rätsel Jonastal“

46 Zitat entnommen: Ulrich Brunzel „Hitlers Geheimobjekte in Thüringen“

47 Zitat entnommen aus: Harald Fäht „Geheime Kommandosache – S III Jonastal und die Siegeswaffenproduktion

48 Zitat entnommen aus: Edgar Mayer/ Thomas Mehner „ Die Atombombe und das Dritte Reich“

49 Zitat entnommen aus: Edgar Mayer/ Thomas Mehner „Das Geheimnis der deutschen Atombombe“

50 Zitat entnommen aus: Gerulf von Schwarzenbeck „Verschwörung Jonastal“

51 Zitat entnommen aus: Edgar Mayer/ Thomas Mehner „Das Geheimnis der deutschen Atombombe“

52 Zitat entnommen aus: Edgar Mayer/ Thomas Mehner „ Die Atombombe und das Dritte Reich“

53 Zitat entnommen aus: „DER SPIEGEL“ Ausgabe 42/1949

Mike Vogler
Düstere Legenden
Softcover, 264 Seiten, Format 15 x 21 cm,
ISBN 978-3-945152-93-5
14,99 €

Ob es die Blutbäder der Blutgräfin Elisabeth Báthory sind, Rasputins teuflische Ausschweifungen oder die nächtlichen Umgänge der Vampirprinzessin von Krumau: In einer einzigartigen Geschichtensammlung präsentiert der Autor noch nie erzählte Legenden und neue Einblicke in bekannte Sagen.

Mike Vogler
Legenden des Grauens
Softcover, 252 Seiten, Format 15 x 21 cm,
ISBN: 978-3-96058-992-1
14,99 €

Wer war die geheimnisvolle Dunkelgräfin? Hat Till Eulenspiegel wirklich gelebt und gab es einen deutschen Robin Hood? Diesen und weiteren Fragen rund um die unbekannteren Aspekte bekannter Sagen geht Mike Vogler in diesem Buch nach. Dabei gibt er Einblicke in vergessene und unheimliche Geschehnisse aus den Geschichtsbüchern Europas: vom Untergang der Insel Rungholt bis zum mysteriösen Fall des bis heute unerklärlichen Unglücks am Djatlow-Pass.

Mike Vogler, Mirko Kühn
Auf der Jagd nach dem Bernsteinzimmer
Softcover, 144 Seiten, Format 15 x 21 cm,
ISBN: 978-3-96058-255-7
14,99 €

Das Bernsteinzimmer – Wunderwerk handwerklicher Kunst und Synonym für die nationalsozialistische Plünderung der europäischen Kunsthäuser im 2. Weltkrieg – gilt bis heute als verschollen. Die Autoren Mike Vogler und Mirko Kühn verfolgen seit Jahren eine vielversprechende Spur des Bernsteinzimmers nach Thüringen, die an einer geheimen Bunkeranlage im Raum Altenburg endet. Im hier vorliegenden Buch berichten sie neben der bis heute von offizieller Seite verschwiegenen Bunkeranlage über die Nazi-Beutekunst, das Bernsteinzimmer und dessen Verschwinden, sowie die Suche nach 1945.